MECHTHILD SCHULZE-DÖRRLAMM

DIE KAISERKRONE KONRADS II. (1024–1039)

PUBLIKATIONEN ZUR AUSSTELLUNG
»DIE SALIER UND IHR REICH«
VERANSTALTET VOM LAND RHEINLAND-PFALZ
IN SPEYER

RÖMISCH-GERMANISCHES ZENTRALMUSEUM
FORSCHUNGSINSTITUT FÜR VOR- UND FRÜHGESCHICHTE

MONOGRAPHIEN

BAND 23

JAN THORBECKE VERLAG SIGMARINGEN
1992

RÖMISCH-GERMANISCHES ZENTRALMUSEUM
FORSCHUNGSINSTITUT FÜR VOR- UND FRÜHGESCHICHTE

MECHTHILD SCHULZE-DÖRRLAMM

DIE KAISERKRONE KONRADS II.
(1024–1039)

EINE ARCHÄOLOGISCHE UNTERSUCHUNG
ZU ALTER UND HERKUNFT DER REICHSKRONE

JAN THORBECKE VERLAG SIGMARINGEN
1992

Publikationen zur Ausstellung
»Die Salier und ihr Reich«
veranstaltet vom Land Rheinland-Pfalz
in Speyer

gefördert durch die
KulturStiftung der Länder
aus Mitteln des
Bundesministers des Innern

Die Deutsche Bibliothek – CIP-Einheitsaufnahme

Ausstellung Die Salier und Ihr Reich ⟨1992, Speyer⟩: Publikationen zur Ausstellung »Die Salier und Ihr Reich« / veranst. vom Land Rheinland-Pfalz in Speyer. – Sigmaringen: Thorbecke.
   (Monographien / Römisch-Germanisches Zentralmuseum, Forschungsinstitut für Vor- und Frühgeschichte; ...)
NE: Rheinland-Pfalz; Die Salier und ihr Reich

Die Kaiserkrone Konrads II. – 2. Aufl. – 1992

Die *Kaiserkrone Konrads II.*: (1024–1039); eine archäologische Untersuchung zu Alter und Herkunft der Reichskrone / Römisch-Germanisches Zentralmuseum, Forschungsinstitut für Vor- und Frühgeschichte. Mechthild Schulze-Dörrlamm. –
2. Aufl. – Sigmaringen: Thorbecke, 1992
   (Publikationen zur Ausstellung »Die Salier und Ihr Reich«)
   (Monographien / Römisch-Germanisches Zentralmuseum, Forschungsinstitut für Vor- und Frühgeschichte; Bd. 23)
ISBN 3-7995-4136-5
NE: Schulze-Dörrlamm, Mechthild; Römisch-Germanisches Zentralmuseum ⟨Mainz⟩: Monographien

Zweite Auflage 1992

© 1991 by Jan Thorbecke Verlag GmbH & Co., Sigmaringen

Dieses Buch ist aus säurefreiem und alterungsbeständigem Papier hergestellt.

Gesamtherstellung: M. Liehners Hofbuchdruckerei GmbH & Co. Verlagsanstalt, Sigmaringen
Printed in Germany · ISBN 3-7995-4136-5

INHALTSVERZEICHNIS

VORWORT

Mit den Fragen nach Alter und Herkunft der deutschen Kaiserkrone in Wien haben sich bisher ausschließlich Historiker, Kunsthistoriker und Theologen intensiv befaßt. Der Entschluß, dieses Herrschaftszeichen zum ersten Mal mit den Methoden der Archäologie zu untersuchen, reifte während der wissenschaftlichen Bearbeitung des sogenannten »Gisela-Schmucks« aus Mainz im Zuge der Vorbereitungen für die Salier-Ausstellung in Speyer. Ebenso wie dort führten auch hier die neuartigen Untersuchungsmethoden zu Resultaten, die den derzeit vorherrschenden Ansichten über die Krone widersprechen. Die Ergebnisse werden in diesem Buch, das anläßlich der Speyerer Ausstellung erscheint, zum ersten Mal einem größeren Kreis interessierter Leser zugänglich gemacht.

Eine wichtige Voraussetzung für die Neubearbeitung der Reichskrone war die gründliche Kenntnis ihrer Details. Meinen aufrichtigen Dank möchte ich daher Herrn Dr. M. Leithe-Jasper, Direktor der Sammlung für Plastik und Kunstgewerbe des Kunsthistorischen Museums in Wien, sowie Herrn Dr. H. Trnek aussprechen, die es mir und meiner Kollegin Frau M. Fecht erlaubten, die Kaiserkrone und das Reichskreuz im Original zu studieren. Für ihre Hilfe bei der Beschaffung von zahlreichen Abbildungen und von Neuaufnahmen der Reichskrone danke ich der Reproduktionsabteilung des Kunsthistorischen Museums in Wien, insbesondere ihrem Leiter, Herrn Hofrat Dr. G. J. Kugler, und Herrn Dr. H. Haupt sehr herzlich. Zu großem Dank verpflichtet bin ich auch Herrn Dr. K. Dachs, dem Direktor der Bayerischen Staatsbibliothek in München, und Herrn Dr. H. Hauke, die mir die dort befindlichen Buchdeckel aus spätottonischer Zeit zugänglich machten.

Während meiner Arbeit am Manuskript habe ich von vielen Kollegen und Kolleginnen am Römisch-Germanischen Zentralmuseum Hilfe erhalten. Der Goldschmiedin und Restauratorin M. Fecht verdanke ich die Kenntnis einiger goldschmiedetechnischer Details und Frau S. von Roesgen M. A. manchen Hinweis auf kunsthistorische Literatur.

Bedanken möchte ich mich bei Frau I. Schwarz für die Herstellung von Fotos, bei den Damen J. Ribbeck, M. Weber und H. Wolf von Goddenthow für die Umzeichnung fotografischer Vorlagen und bei den Herren K. Maeritz und H. Schmidt für die Anfertigung der Tabellen.

Ein herzliches Dankeschön sage ich auch meinem Mann für seine Geduld und seine kritische Begleitung dieser Arbeit.

Mainz, im März 1990

Mechthild Schulze-Dörrlamm

EINLEITUNG

Am 6. August des Jahres 1806 legte der Habsburger Franz II. auf Drängen Napoleons die römisch-deutsche Kaiserwürde nieder. Bis dahin ist die Reichskrone (Taf. 1–2), deren letzter Träger er war, ein Herrschaftszeichen gewesen, das 800 Jahre lang ihren jeweiligen Inhaber nicht nur über die Großen des Reiches, sondern auch über alle anderen europäischen Monarchen emporgehoben hatte[1]. Als Symbol des Heiligen Römischen Reiches deutscher Nation – Nachfolger des Weströmischen Reiches der Spätantike – gilt sie daher heute als die bedeutendste unter den Krönungsinsignien[2], welche in der Schatzkammer der Wiener Hofburg aufbewahrt werden.

Trotz ihres außerordentlichen Ranges sind Alter und Herkunft der Reichskrone aber noch immer umstritten, obwohl sie als einzige Insignie einen Namen trägt, nämlich eine Perleninschrift Kaiser Konrads auf dem Kamm ihres Bügels: CHVONRADVS DEI GRATIA ROMANORV(M) IMPERATOR AVG(VSTVS) (Abb. 1, Taf. 12–13). Da weder Konrad I. (911–918) noch Konrad III. (1138–1152) jemals die Kaiserwürde erlangten und beide ebenso wie Kaiser Konrad IV. (1250–1254) aus stilistischen Gründen nicht in Frage kommen, kann sich diese Inschrift nur auf den ersten Salier Konrad II. beziehen, der am 8. September 1024 in Mainz zum König und an Ostern des Jahres 1027 in Rom zum Kaiser gekrönt worden ist. Ungeachtet der Bügelinschrift gilt der Kronreif heute allgemein als erheblich älter. Immerhin belegen Unterschiede im Verzierungsstil, im Karatgehalt des Goldes[3], in der Bearbeitung der Edelsteine und in den Stärken des verwendeten Perldrahtes[4], daß die Platten des Kronreifs, das aufgesteckte Stirnkreuz, vor allem aber der Kronenbügel selbst nicht von gleicher Hand und deshalb wohl auch nicht zur gleichen Zeit entstanden sind.

Zeitgenössische Berichte darüber, wann und wo die Reichskrone geschaffen wurde, gibt es nicht; auch keine Beschreibungen oder detailgetreuen bildlichen Darstellungen. Zusätzlich wird eine Beurteilung noch durch jene Berichte erschwert, nach denen Konrad II. die Insignien, mit denen er in Rom zum Kaiser gekrönt worden war, dem Kloster Cluny geschenkt habe[5]. Andererseits wissen wir aber auch, daß Kaiser Konrad II. im Jahre 1032 die Krone des burgundischen Königs Rudolf III. erbte und mit dieser 1033 in Peterlingen zum König von Burgund gekrönt wurde[6].

Zahlreiche Wissenschaftler sind in der Vergangenheit bemüht gewesen, den komplizierten Sachverhalt mit ihren jeweils eigenen Methoden zu klären. Schließlich ist die Frage, für welchen Kaiser und zu welchem Anlaß dieses ehrwürdige Reichssymbol geschaffen wurde, von beträchtlicher historischer Bedeutung. Doch ein allgemein überzeugendes Ergebnis wurde dabei nicht erzielt.

1 J. Deér, Die abendländische Kaiserkrone des Hochmittelalters. Schweizer Beiträge zur allgemeinen Geschichte 7, 1949, 53. 63.

2 Dazu zusammenfassend: P. E. Schramm u. F. Mütherich, Denkmale der deutschen Könige und Kaiser (1962). – H. Fillitz, Die Schatzkammer in Wien, Symbole abendländischen Kaisertums (1986).

3 A. Weixlgärtner, Die weltliche Schatzkammer in Wien. Jahrb. Kunsthist. Samml. Wien 1, 1926, 22. – H. Decker-Hauff, in: P. E. Schramm (Hg.), Herrschaftszeichen und Staatssymbolik 2 (1955) 567. – G. J. Kugler, Die Reichskrone (2. Aufl. 1986) 21.

4 Darauf machte mich freundlicherweise Frau Maiken Fecht, Goldschmiedemeisterin und Restauratorin am Römisch-Germanischen Zentralmuseum Mainz, aufmerksam, mit der ich gemeinsam die Kaiserkrone in Wien untersuchen durfte. – Vgl. dazu auch E. Foltz, Die Herstellung von Golddraht im Frühen Mittelalter. Arbeitsbl. f. Restauratoren 1989, H. 2, 99ff. Abb. 3.

5 P. E. Schramm, Herrschaftszeichen: gestiftet, verschenkt, verkauft, verpfändet. Nachr. Akad. Wiss. Göttingen 1. Phil.-Hist. Kl. 5 (1957) 178.

6 H. Breßlau, Jahrbücher des deutschen Reiches II (1884) 10 Anm. 1.

Abb. 1 Zeichnung der Reichskronen-Teile von J. A. Delsenbach aus dem Jahre 1750, veröffentlicht 1790.

Taf. B   Bildnis Kaiser Heinrichs III. im Codex Aureus von Goslar, um 1051. – Universitätsbibliothek Uppsala.

◁ Taf. A   Das Ältere Mathildenkreuz (973–982). – Münsterschatz Essen. – H. 44,5 cm.

Taf. D   Der Tragaltar Kaiser Heinrichs II., 1014–24. – Schatzkammer der Münchner Residenz. – H. 43 cm.

◁ Taf. C   Das Jüngere Mathildenkreuz in Essen, Mitte bis zweite Hälfte des 11. Jahrhunderts. – Münsterschatz Essen. – H. 45 cm.

Taf. E   Das Reichskreuz Kaiser Konrads II., um 1030. – Kunsthistorisches Museum Wien. – H. 77 cm.

Taf. F   Mosaik der byzantinischen Kaiserin Zoë (1028–1050) und ihres ersten Gemahls, Kaiser Romanos III. Argyros (1028–1034), dessen Bildnis nachträglich durch das des Kaisers Konstantin Monomachos (1042–1055) ersetzt wurde. – Hagia Sophia, Istanbul.

Taf. G   Einband des Aribert da Intimiano (1018–45). – Domschatz Mailand. – H. 42,5 cm.

16

Taf. H   Das Kreuz mit Senkschmelzplatten, mittleres Drittel des 11. Jahrhunderts. – Münsterschatz Essen. – H. 45 cm.

Taf. J   Das Perikopenbuch König Heinrichs II., um 1007 oder 1012. – Bayerische Staatsbibliothek München Clm 4452. –
H. 42,3 cm.

Taf. K   Das Kreuz der Essener Äbtissin Theophanu (1039–56). – Münsterschatz Essen. – H. 44,5 cm.

Taf. L Das Osnabrücker Kapitelkreuz aus der Zeit um 1070. – Domschatz Osnabrück. – H. 67 cm.

Taf. M   Krönungsbild Kaiser Ottos III. im Aachener Liuthar-Codex, um 1000. – Domschatz Aachen.

21

Taf. N   Ikone der Gottesmutter von Sta. Maria Trastevere in Rom aus dem frühen 8. Jahrhundert.

22

FORSCHUNGSGESCHICHTE

Mit Hilfe von Stilanalysen haben Kunsthistoriker versucht, das genaue Alter der Krone und ihren Entstehungsort zu ermitteln. Historiker hingegen wetteiferten darin, durch die Interpretation von schriftlichen Quellen, die sich auf die Krone beziehen könnten, sowie jenes politisch-religiösen Programms, das in Gestalt und Verzierung der Krone sichtbaren Ausdruck gefunden hat, Hinweise auf einen konkreten Anlaß zu finden, der zur Schaffung des Kronreifs geführt haben dürfte. Ihre Ergebnisse waren sehr unterschiedlich, zum Teil auch widersprüchlich. Diese wissenschaftliche Diskussion, über die A. Bühler bereits einen knappen chronologischen Überblick bis zum Jahre 1975 zusammengestellt hat[7], erbrachte folgende Hauptgesichtspunkte oder Hypothesen:

1. Die Krone Kaiser Konrads II. (1024–1039)?

Bei der kunstgeschichtlichen Würdigung des sogenannten »Gisela-Schmucks« aus Mainz ging O. von Falke im Jahre 1913 auch auf die mit einigen Schmuckstücken dieses Schatzes stilistisch eng verwandte Kaiserkrone ein. Er hielt deren wesentliche Bestandteile – den Plattenreif, das Stirnkreuz und den Bügel – für durchaus gleichzeitige Arbeiten aus der ersten Hälfte des 11. Jahrhunderts und schrieb sie wegen der Perleninschrift auf dem Bügel insgesamt Kaiser Konrad II. zu[8]. Seiner Ansicht nach war die Krone um 1025 vermutlich in Mainz für die 1027 in Rom stattfindende Kaiserkrönung Konrads II. angefertigt worden. Dieser Überzeugung schloß sich in der Folgezeit allerdings nur J. Schlosser an[9].

2. Die Krone König Rudolfs III. von Burgund (993–1032)?

Aus den Berichten darüber, daß Kaiser Konrad II. die Insignien, mit denen er 1027 vom Papst in Rom zum Kaiser gekrönt worden war, dem Kloster Cluny übergeben, im Jahre 1032 aber die Krone Burgunds geerbt habe, zog A. Weixlgärtner 1926 den Schluß, daß die acht Platten der Reichskrone mit der burgundischen Königskrone identisch seien[10]. Nur Kreuz und Bügel der Reichskrone hielt er für Zutaten Kaiser Konrads II. Im Gegensatz zu F. Bock, der dieses »burgundische« Diadem 1896 noch für ein Geschenk des Papstes und für eine sizilianische Arbeit gehalten hatte[11], glaubte Weixlgärtner, daß Rudolf III. bereits 993 mit der Plattenkrone zum König gekrönt und diese folglich im späten 10. Jahrhundert in Burgund geschaffen worden sein müsse. Der Ansicht Weixlgärtners, die dieser 1939 erneut bekräftigte[12], folgten P. Metz[13], E. Eichmann[14] und H. Swarzenski[15]; letzterer vermutete den Herstellungsort der Krone allerdings nicht in Burgund, sondern in Lothringen oder Mainz.

7 A. Bühler, Hypothesen zur Entstehung der Wiener Reichskrone. In: Festschr. N. Grass 2 (1975) 119 ff.

8 O. von Falke, Der Mainzer Goldschmuck der Kaiserin Gisela (1913) 20 ff.

9 J. Schlosser, Die deutschen Reichskleinodien (1920) 43 ff.

10 A. Weixlgärtner, Die weltliche Schatzkammer in Wien. Jahrb. Kunsthist. Samml. Wien 1, 1926, 15 ff.

11 F. Bock, Die byzantinischen Zellenschmelze der Sammlung Dr. Alexander von Swenigorodskoi und das darüber veröffentlichte Prachtwerk (1896) 284.

12 A. Weixlgärtner, Geschichte im Widerschein der Reichskleinodien (1939) 20 ff.

13 P. Metz, Das Kunstgewerbe von der Karolingerzeit bis zum Beginn der Gotik. In: Th. Bossert (Hg.), Geschichte des Kunstgewerbes 5 (1932) 225.

14 E. Eichmann, Zur Symbolik der Herrscherkrone im Mittelalter. In: Festschr. A. Notter (1941) 193.

15 H. Swarzenski, Monuments of Romanesque Art (1953) 43 Nr. 75.

3. Die Krone Kaiser Heinrichs II. (1002–1024)?

Schon ein Jahr später als Weixlgärtner – 1927 – veröffentlichte G. Haupt eine weitere Hypothese: die Reichskrone sei ein Geschenk von Papst Benedikt VIII. an Heinrich II. anläßlich ihrer gemeinsamen Osterfeier zu Bamberg im Jahre 1020 gewesen [16]. Der Papst habe sich zu dieser Schenkung entschlossen, weil Heinrich II. die Krone und die anderen Insignien, mit denen er in Rom gekrönt worden war, dem Kloster Cluny gestiftet und seine eigene, mitgebrachte Krone vor der Kaiserkrönung als Votivgabe über dem Altar von St. Peter hatte aufhängen lassen. Nach Ansicht G. Haupts enthalten die bildlichen Darstellungen auf vier Platten der Reichskrone ein so starkes Bekenntnis zur Theokratie, daß sie unmöglich von einem deutschen Kaiser, vor allem nicht von Konrad II., in Auftrag gegeben worden sein können. Ferner vermutet er, daß die vom Papst bestellte Krone nicht in Italien, sondern in Regensburg hergestellt und erst zur Zeit Konrads II. vollendet worden sei. Dieser habe sie dann mit einem Stirnkreuz versehen und durch den Bügel mit seiner Namensinschrift vollends zu seiner eigenen Krone gemacht. Den Erwägungen Haupts schloß sich seither nur A. Bühler an, der zudem darauf hinwies, daß die Reichskrone als »Konkurrenzkrone« zu der des byzantinischen Kaisers geschaffen worden sein dürfte [17]. Als Herstellungsort komme aber nicht Regensburg, sondern eher Fulda in Betracht.

4. Die Krone Kaiser Ottos I. (936–973)?

In seinem Buch über die Reichskleinodien in der Pfalz äußerte F. Sprater im Jahre 1942 als erster den Verdacht, daß es sich bei den Platten des Kronreifs um jene Krone handeln könnte, die sich Otto I. – wie man einer Bemerkung Liutprands von Cremona entnehmen dürfe – zur Kaiserkrönung in Rom 962 habe anfertigen lassen [18]. Sie sei dann zunächst nur als Königskrone verwendet, daher auch nicht verschenkt worden und nur deshalb erhalten geblieben. Durch die Anbringung eines Stirnkreuzes und des Bügels hätte sie dann Konrad II. endgültig zur Kaiserkrone bestimmt.
Die Idee Spraters fand in den fünfziger Jahren sowohl bei Kunsthistorikern als auch bei Historikern begeisterte Anhänger und wirkt noch bis heute fort. Zunächst veröffentlichte H. Fillitz 1953 die Ergebnisse seiner stilkritischen Vergleichsstudien [19]. Diese deuteten seiner Meinung nach auf einen engen Zusammenhang der Kronenplatten mit dem Älteren Mathildenkreuz (Taf. A) in Essen (973–982) hin und ließen darüber hinaus auf ein noch höheres Alter der Krone schließen. Obwohl es in Deutschland keine vergleichbaren Goldschmiedearbeiten aus dem mittleren 10. Jahrhundert gibt, hielt es H. Fillitz für denkbar, daß der Kronreif bereits im Jahre 962 geschaffen worden sein könnte, und zwar wahrscheinlich auf der Insel Reichenau. Seine Vermutung, daß das Kronenkreuz schon um 1000 anstelle einer älteren »Lilie« aus Edelsteinen und Perlen (vgl. Abb. 76) auf der Stirnplatte angebracht worden sei, korrigierte er 1967 zugunsten der Ansicht, daß die Krone von Anfang an ein Stirnkreuz getragen habe (vgl. Abb. 77) [20], das allerdings älter sein müsse als der Kronenbügel Kaiser Konrads II.
Etwa gleichzeitig mit H. Fillitz versuchte H. Decker-Hauff im Jahre 1955 den Nachweis zu führen, daß es sich bei den acht Platten des Kronreifs um jene Krone handle, mit welcher Otto I. im Jahr 962 in Rom zum Kaiser gekrönt wurde [21]. Ebenso wie schon F. Sprater stützte er sich auf die Bemerkung Liutprands von Cremona, daß Otto I. *miro ornatu, novoque apparatu* zur Krönung erschienen sei und deutete sie als Anspielung auf die damals ganz neu geschaffene Kaiserkrone. Ein Epitaph, das der Abt Odilo von Cluny

16 G. Haupt, Zur Entstehung der deutschen Kaiserkrone. Oberrheinische Kunst 2, 1927, 79ff.

17 A. Bühler, Hypothesen zur Entstehung der Wiener Reichskrone. In: Festschr. N. Grass 2 (1975) 124.

18 F. Sprater, Die Reichskleinodien in der Pfalz (1942) 23.

19 H. Fillitz, Studien zur römischen Reichskrone. Jahrb. Kunsthist. Samml. Wien 50, 1953, 23ff. – Vgl. auch Ders., Insignien und Kleinodien des Heiligen Römischen

Reiches (1954) 16ff. – Ders., Die Reichskleinodien (1954) 50ff.

20 H. Fillitz, Die Krone des Heiligen Römischen Reiches. Zur Rekonstruktion der ursprünglichen Form. In: Studien zur Buchmalerei und Goldschmiedekunst des Mittelalters. Festschr. K. H. Usener (1967) 21ff.

21 H. Decker-Hauff, Die »Reichskrone«, angefertigt für Kaiser Otto I. In: P. E. Schramm, Herrschaftszeichen und Staatssymbolik 2 (1955) 560f.

in der Zeit Heinrichs II. auf Otto I. verfaßt hat, interpretierte er außerdem als Hinweis darauf, daß Heinrich II. die Kaiserkrone Ottos I. getragen habe. Zur Stützung seiner These zog er auch die stilistischen Untersuchungen von H. Fillitz heran. Als Beleg für eine Datierung der Reichskrone in ottonische Zeit galt ihm eine Darstellung Ottos I. auf dem Elfenbeintäfelchen von Seitenstetten (Abb. 2), die den Kaiser mit Kronreif und lappenartigem Bügelkamm zeigt. H. Decker-Hauff sieht darin die älteste Abbildung der deutschen Kaiserkrone. Vor allem aber spreche seiner Meinung nach das Bildprogramm, das die Stellung des Herrschers als Rex (König) und Sacerdos (Hohepriester) betone, für eine Entstehung zur Zeit Ottos I.

Abb. 2   Elfenbeintäfelchen von Seitenstetten mit dem Bildnis Kaiser Ottos I. – The Metropolitan Museum, New York. – H. 11,1 cm.

Die von H. Decker-Hauff veröffentlichte Beweisführung wirkte so suggestiv und überzeugend, daß die Reichskrone bis heute fast überall als ein hervorragendes Zeugnis der ottonischen Kunst gilt[22]. Auch der 1962 von J. Deér geführte Nachweis, daß die Wortzeugnisse des Liutprand von Cremona und Odilos von Cluny keinesfalls als Belege für eine derartige Argumentation zu werten seien[23], konnte daran nur wenig ändern.

So verwies beispielsweise G. J. Kugler noch 1986 darauf, daß die Krone aufgrund ihres »Programms« nur in einer Kampfzeit hätte entstehen können und schon deshalb Kaiser Otto I. zugewiesen werden müsse[24]. Gegen Kaiser Otto III., dem die Krone mittlerweile ebenfalls zugeschrieben worden war, spreche seiner Ansicht nach das Fehlen jeglichen Bezuges zu Rom und zum antik-heidnischen Gedankengut.

5. Die Krone Kaiser Ottos III. (983–1002)?

Kritik an den von H. Fillitz und H. Decker-Hauff vertretenen Thesen übten zuerst J. Deér[25], A. Grabar[26] und Th. Rensing[27]. Letzterer machte bereits 1957 darauf aufmerksam, daß der stilistische Vergleich der Kronenplatten mit dem Älteren Mathildenkreuz in Essen kaum überzeugend sei und eine Datierung des Kronreifs in die Zeit vor 982 oder gar in das Jahr 962 nicht rechtfertigen könne. Vielmehr deute der Stil der Goldschmiedearbeiten auf eine Entstehung zur Zeit Kaiser Ottos III. Auch V. H. Elbern ordnete die Kronenplatten aufgrund der Goldschmiedetechnik in diese Zeitspanne ein[28]. Der gleichen Ansicht war H. Biehn, weil sich die Existenz der Reichskrone anhand der Berichte über die Übergabe der Insignien zwar lückenlos von Konrad II. über Heinrich II. bis zu Otto III., aber nicht weiter zurückverfolgen lasse[29].

Schließlich wies K. Hoffmann auf die stilistische Ähnlichkeit der goldenen Senkschmelzplatten des Kronreifs mit den bogenförmigen Goldgrundminiaturen im Aachener Liuthar-Codex (Taf. M) aus der Zeit um 1000 hin[30]. Er vermutete, daß diese ältesten Goldgrundmalereien in Deutschland nur vom Vorbild der Senkschmelzplatten angeregt worden sein könnten. Daher müsse der Kronreif ein wenig früher, nämlich für die Kaiserkrönung Ottos III. im Jahre 996 geschaffen worden sein.

6. Die Krone Kaiser Ottos II. (973–983)?

In neuerer Zeit haben zwei Historiker – L. Bornscheuer und H. Wolfram – den Standpunkt vertreten, daß die Krone zwar ottonisch, jedoch nicht für Otto I., sondern für seinen Sohn Otto II. angefertigt worden sei. Im Hinblick auf die Untersuchungen von H. Fillitz[31] gehen sie davon aus, daß die Kronenplatten stilistisch in die Zeit um 980 gehören. In der Darstellung des alttestamentarischen Königs Hiskia (Taf. 9) auf einer der vier Senkschmelzplatten sehen sie einen Hinweis auf ein bestimmtes historisches Geschehen. Das Bild des Hiskia, den Gott nach einer lebensgefährlichen Erkrankung noch

22 Schramm u. Mütherich (Anm. 1) 141. – E. Steingräber, Alter Schmuck (1956) 25 f. – H. Bethe, Edelsteine. Reallexikon der deutschen Kunstgeschichte 4 (1958) 719 Abb. 6. – Lord Twining, European regalia (1967) 40.88. – G. Schade, Deutsche Goldschmiedekunst (1974) 62 f. Taf. 8. – M. Backes u. R. Dölling, Die Geburt Europas (o. J.) 149. – G. Griess, Edelsteine im Mittelalter (1980) 54. – J. Wolters, Filigran. Reallexikon der deutschen Kunstgeschichte 94 (1986) Abb. 17. – H. Pleticha, Des Reiches Glanz (1989) 17 ff. u. v. a.

23 J. Deér, Kaiser Otto der Große und die Reichskrone. In: Beiträge zur Kunstgeschichte und Archäologie des Frühmittelalters (1962) 261 ff. – Ders., Deutsche Literaturzeitung 78, 1957, 821.

24 G. J. Kugler, Die Reichskrone (2. Aufl. 1986) 45 ff.

25 Vgl. Anm. 23.

26 A. Grabar, Journal des Savants 1956, 82 ff.

27 Th. Rensing, Deutsche Kunst und Denkmalpflege 1957, 148 f.

28 V. H. Elbern, Ottonische Bildnerei in edlen Materialien. In: E. Kubach u. V. H. Elbern, Das frühmittelalterliche Imperium (1968) 220. – Ders., Goldschmiedekunst im frühen Mittelalter (1988) 106 ff.

29 H. Biehn, Die Kronen Europas und ihre Schicksale (1957) 21.

30 K. Hoffmann, Die Taufsymbolik im mittelalterlichen Herrscherbild (1968) 57 ff.

31 H. Fillitz, Die Schatzkammer in Wien. Symbole abendländischen Kaisertums (1986) 166.

15 Jahre lang herrschen ließ, ist nach Bornscheuer[32] eine Anspielung auf die schwere Erkrankung Ottos I. im Jahre 958, die dieser überlebte und nach der er ebenfalls noch exakt 15 Jahre lang regieren durfte. Da allerdings der Zeitpunkt seines Todes im Jahre 973 für Kaiser Otto I. nicht vorhersehbar war, könne die Krone jedoch erst von seinem Sohn, Otto II., nach 973 in Auftrag gegeben worden sein. H. Wolfram ist indes überzeugt, daß dies nicht vor 980 geschehen sei, weil dem Kaiser im Jahre 978 vom westfränkischen König Lothar alle Insignien aus der Kaiserpfalz Aachen geraubt worden waren[33]. Der Kunsthistoriker P. Lasko entschied sich für die gleiche Datierung und wies überdies darauf hin, daß die Kronenplatten vor allem wegen der Emails in einer unter starkem byzantinischen Einfluß stehenden Werkstatt Italiens hergestellt worden sein müßten[34].

Der Theologe und Kirchengeschichtler R. Staats behauptete schließlich 1976, daß die Reichskrone zwar für Otto II., jedoch nicht erst nach dem Tode Ottos I. im Jahre 973, sondern schon für die Kaiserkrönung Ottos II. zu Weihnachten 967 in Rom geschaffen worden sei[35]. Er glaubt dafür zwei konkrete Hinweise gefunden zu haben. Seiner Meinung nach habe Liutprand von Cremona bei seiner Beschreibung der goldenen, mit Edelsteinen überladenen sächsischen Krone Konrads I. bereits die Reichskrone vor Augen gehabt. Diese müsse demnach schon vor Liutprands Tod im Jahre 972 existiert haben. Zudem seien die Darstellungen der alttestamentarischen Könige David und Salomon eine Anspielung auf Otto I. und Otto II. und damit zugleich auf das Mitkaisertum, das Otto I. durch die Krönung seines Sohnes im Jahre 967 durchgesetzt hatte. Den geistigen Schöpfer der Reichskrone, deren Programm die Einheit von Königtum und Priestertum verkünde, sieht er in Erzbischof Brun von Köln, dem Bruder Kaiser Ottos I. Als letzter nahm H. Trnek 1987 zum Alter der Reichskrone Stellung[36]. Er sieht zwar keine triftigen Gründe, die gegen eine Entstehung der Krone im Jahre 962 oder 967 sprechen, kann aber auch keine Hinweise auf tagespolitische Ereignisse erkennen und zieht es deshalb vor, den Kronreif pauschal in die zweite Hälfte des 10. Jahrhunderts zu datieren.

Seit dem Anfang unseres Jahrhunderts ist die Reichskrone also nicht nur allen deutschen Kaisern zwischen Otto I. und Konrad II., sondern auch dem Burgunderkönig Rudolf III. zugeschrieben worden[37]. Als mögliche Standorte der Kronenwerkstatt wurden Mainz, Burgund, Lothringen, der Raum Köln-Aachen, Fulda, Regensburg, die Insel Reichenau und Italien genannt. Das Kronenkreuz soll eine Zutat Ottos III., Heinrichs II. oder auch erst Konrads II. gewesen sein, von dem zweifellos der Kronenbügel mit der Perleninschrift seines Namens stammt.

Die zahlreichen, einander völlig widersprechenden Hypothesen zu Alter und Herkunft des Kronreifs zeigen jedenfalls, daß selbst scharfsinnigste Ausdeutungen der erhaltenen schriftlichen Quellen letztlich nicht beweiskräftig sind, ebensowenig wie geistreiche Interpretationen des »Kronenprogramms« oder die Nennung historischer Anlässe, die zur Schaffung der neuen Krone hätten führen können. Die Hauptquelle für die Geschichte der Reichskrone ist – wie schon H. Decker-Hauff mit Recht feststellte[38] – die Krone selbst. Konkrete Aufschlüsse über ihr Alter können nur ihre Verzierungselemente geben, denn diese sind keine isolierten Einzelphänomene, sondern stehen durchaus in einem kunstgeschichtlichen Gesamtzusammenhang.

32 L. Bornscheuer, Miseriae Regum. Untersuchungen zum Krisen- und Todesgedanken in den herrschaftstheologischen Vorstellungen der ottonisch-salischen Zeit (1968) 213 ff.

33 H. Wolfram, Überlegungen zur Datierung der Wiener Reichskrone. Mitt. Inst. f. Österr. Geschichtsforschung 78, 1970, 84 ff.

34 P. Lasko, Ars Sacra 800–1200 (1972) 86 f.

35 R. Staats, Theologie der Reichskrone. Monographien zur Geschichte des Mittelalters 13 (1976) 41 ff.

36 H. Trnek, Die Reichskrone. In: Weltliche und Geistliche Schatzkammer, Bildführer des Kunsthistorischen Museums Wien (1987) 148 ff.

37 Die erst kürzlich von Faußner vertretene These (H. C. Faußner, Wibald von Stablo, der Trierer Dom- und Reliquienschatz und die Reichskrone. In: Festschr. N. Grass [1986] 177 ff.), daß die Reichskrone ursprünglich als Weihekrone oder Krone eines Kopfreliquiars für das St. Johanneskloster zu Berge bei Magdeburg bestimmt gewesen, dann aber auf Betreiben des Wibald von Stablo bei der Krönung Konrads III. am 13. 3. 1138 verwendet worden sei, ist so unzureichend begründet, daß auf eine Auseinandersetzung mit ihr verzichtet werden kann. – Für den freundlichen Hinweis auf diesen Artikel danke ich Herrn Prof. G. Wolf, Heidelberg.

38 Decker-Hauff (Anm. 21) 561.

Aus diesem Grund sollen hier die Bestandteile der Krone mit ihren charakteristischen Schmuckformen erneut und detaillierter untersucht werden, als dies bisher geschah. Dies ist auch deshalb erforderlich, weil die mit den Kronenplatten besonders eng verknüpften Schmuckstücke des Mainzer »Gisela-Schatzes« mittlerweile in die Zeit der Kaiserin Agnes, also ungefähr in das zweite Drittel des 11. Jahrhunderts datiert werden können[39]. Daraus ergeben sich natürlich auch völlig neue Rückschlüsse auf das Alter der Reichskrone. Daß Kronreif, Stirnkreuz und Kronenbügel zwar nicht von gleicher Hand und nicht ganz zur gleichen Zeit, aber dennoch für Kaiser Konrad II. geschaffen wurden, so wie es die Bügelinschrift bezeugt, werden die folgenden Untersuchungsergebnisse belegen.

[39] M. Schulze-Dörrlamm, Der Mainzer Schatz der Kaiserin Agnes aus dem mittleren 11. Jahrhundert. Neue Untersuchungen zum sogenannten »Gisela-Schmuck« (1991).

STILISTISCHE ANALYSE DER REICHSKRONE

I. DIE KRONENFORM

Der oktogonale Reif der Reichskrone besteht aus acht bogenförmigen Goldplatten unterschiedlicher Größe und Verzierung (Taf. 1–2), die durch Scharniere mit zugehörigen, perlenbekrönten Scharnierstiften miteinander verbunden sind und ursprünglich beweglich waren. Dies ist heute wegen der zwei nachträglich auf der Innenseite angebrachten, starren Eisenbänder nicht mehr möglich. Auf der Stirnplatte sitzt ein locker aufgestecktes lateinisches Kreuz. Es kann ebenso abgenommen werden wie der hochkantige Bügel mit achtlappigem Kamm und der Perleninschrift Konrads II., der die Kronhaube – ursprünglich wohl eine Mitra – von der Stirn- zur Nackenplatte überspannt. Die spitzen Bügelzapfen stecken in tütenförmigen Goldblechhülsen auf den Rückseiten dieser beiden Platten. Ursprünglich war die Krone also völlig zerlegbar und konnte so auf Reisen leichter transportiert werden.

In ihren Maßen und Verzierungsformen weichen die acht Platten des Kronreifs durchaus voneinander ab. Während die beiden großen Stirn- und Nackenplatten sowie die beiden schmaleren Schläfenplatten ausschließlich mit Edelsteinen, Perlen und verschiedenen Zierelementen aus Gold geschmückt sind, weisen die vier kleineren Platten in den Zwickeln zwar weniger goldenen Zierat, dafür aber je eine bogenförmige Senkschmelzplatte mit figürlichen Darstellungen aus dem Alten Testament auf.

Am unteren Rand der beiden Schläfenplatten sitzen noch je drei (Taf. 5–6) gerippte Goldblechscharniere, in denen einst – mittelalterlichen Bildnissen zufolge (vgl. Abb. 9)[1] – keine Perlen- oder Goldketten, sondern bandförmige Pendilien hingen, welche freilich seit langem verloren sind. An der Oberkante ihrer Innenseite tragen die zwei Schläfenplatten je drei kleine, fächerförmig schräg gestellte Goldblechröhrchen (Abb. 1; 62) mit gleichem Karatgehalt, die offensichtlich von Anfang an zum Kronreif gehörten. Einen Querbügel[2] können sie wegen ihrer Schrägstellung ebensowenig gehalten haben wie eine Kronhaube[3]. Wahrscheinlich enthielten sie einst »Lilien« aus aufgesteckten Perlen und Edelsteinen etwa der Art, wie sie nachweislich auch die edelsteingeschmückte Plattenkrone des Königs Hugo von Italien (926–948) (Abb. 3)[4] und einen Kronreif Ottos II. in Halle (Abb. 4)[5] geziert hatten.

Unter den erhaltenen oder auf Bildnissen überlieferten Kronen des Hochmittelalters befindet sich keine einzige, die der Reichskrone gleicht. Diese unterscheidet sich von jenen nicht nur durch den Hochbügel und den achteckigen Reif[6] – ein Sinnbild des Himmlischen Jerusalem[7] –, sondern auch durch die außergewöhnliche Kombination von Edelstein- und Bildplatten.

1 H. Decker-Hauff, Die »Reichskrone«, angefertigt für Kaiser Otto I. In: P. E. Schramm, Herrschaftszeichen und Staatssymbolik 2 (1955) 563. – H. Fillitz, Die Krone des Heiligen Römischen Reiches. Zur Rekonstruktion der ursprünglichen Form. In: Festschr. K. H. Usener (1967) 24 f. – J. Deér, Die abendländische Kaiserkrone des Hochmittelalters. Schweizer Beitr. z. allgem. Geschichte 7, 1949, Taf. 1, 1–7; 2,1–2.6; 3,2.

2 Gegen diese These F. Bocks wandte sich bereits O. von Falke, Der Mainzer Goldschmuck der Kaiserin Gisela (1913) 20. – Vgl. auch H. Fillitz, Studien zur römischen Reichskrone. Jahrb. Kunsthist. Sammlungen Wien 50, 1953, 26 ff.

3 Dieser Ansicht waren noch O. von Falke (von Falke [Anm. 2] 20) und J. von Schlosser (J. v. Schlosser, Die deutschen Reichskleinodien [1920] 46).

4 P. E. Schramm, Herrschaftszeichen und Staatssymbolik 2 (1955) 401 f. Abb. 8. – C. Beutler, Bildwerke zwischen Antike und Mittelalter (1964) Abb. 95.

5 Ph. M. Halm u. R. Berliner (Hg.), Das Hallesche Heiltum. Jahresgabe dt. Ver. Kunstwissenschaft (1931) 41 Taf. 74,a.

– F. Rademacher, Eine Krone Kaiser Ottos II. Zeitschr. dt. Ver. f. Kunstwissenschaft 1/2, 1934, 79 ff. Abb. 1 und 3. – P. E. Schramm u. F. Mütherich, Denkmale der deutschen Könige und Kaiser (1962) Nr. 71 Taf. 285. – Zur Rekonstruktion des »Lilienschmuckes« auf den Kronenplatten vgl. Fillitz (Anm. 2) Abb. 13 und Decker-Hauff (Anm. 1) Abb. 15–16 sowie die korrigierte Rekonstruktion der Reichskrone mit Stirnkreuz und Lilienschmuck von P. E. Schramm, Kaiser, Könige und Päpste 3 (1969) Abb. 1–2 (hier Abb. 76–77).

6 Um Oktogone aus bandförmigen Platten handelt es sich bei einer Votivkrone des 13. Jahrhunderts in Namur (P. E. Schramm, Herrschaftszeichen und Staatssymbolik 3 [1956] Taf. 93a-b) und bei der Grabkrone des Königs Sancho IV. von Kastilien (1284–1295) (W. Grünhagen, Madrider Mitt. 29, 1988, 245 ff. Abb. 1).

7 Decker-Hauff (Anm. 1) 596 f. – K. Hoffmann, Die Taufsymbolik im mittelalterlichen Herrscherbild (1968) 57. – R. Staats, Theologie der Reichskrone. Monographien zur Geschichte des Mittelalters 13 (1976) 32.

Abb. 3 Skizze der von König Hugo von Italien (926–948) für das Kopfreliquiar des hl. Mauritius in Vienne gestifteten Plattenkrone (N. C. Fabri de Peiresc, 1612).

Abb. 4 Die Krone Kaiser Ottos II. auf einem Reliquiar des Domschatzes in Halle (nach Halm und Berliner).

Abb. 5   Bildnis des thronenden Kaisers Otto III. (oder Heinrich II.) auf der Elfenbeinsitula im Aachener Domschatz.

Abb. 6   Krönungsbild König Heinrichs II. im Regensburger Sakramentar, 1002–1014. – Bayerische Staatsbibliothek München
Clm 4456.

Die zeitgenössischen Darstellungen von Kronen deutscher Könige und Kaiser sind nicht so realistisch, daß sie zur Datierung der Reichskrone herangezogen werden könnten[8]. Vergleichbar sind allenfalls einzelne Details.

Eine Krone mit steilem, lappenartigem Bügel trägt zum Beispiel schon Kaiser Otto I. auf einer Elfenbeintafel von Seitenstetten (Abb. 2)[9]. Da der zugehörige Kronreif jedoch nicht aus bogenförmigen Platten besteht, sondern ganz flach und bandförmig gestaltet ist, kann es sich hierbei nicht – wie H. Decker-Hauff glaubte[10] – um die älteste Darstellung der Reichskrone handeln. Daher stellt dieses Bild auch keinen Beweis für das vermeintlich »ottonische« Alter der Reichskrone dar.

Keinerlei Ähnlichkeit mit der Reichskrone besitzen auch die schmalen Kronreifen mit einem Bügel, die auf der Elfenbeinsitula Kaiser Ottos III. (oder Heinrichs II.) im Aachener Domschatz (Abb. 5)[11] und auf einem Krönungsbild Heinrichs II. im Regensburger Sakramentar Clm 4456 aus der Zeit um 1002/14 (Abb. 6)[12] abgebildet wurden.

Kronen, die ganz aus bogenförmigen Platten bestehen, lassen sich in Deutschland erst seit der Jahrtausendwende auf Abbildungen nachweisen. Dabei handelt es sich zum einen um die Krone des Königs Herodes (?) auf der Bronzetür Bischof Bernwards von Hildesheim (Abb. 7)[13] und zum anderen um den Kronreif des Herodes auf einer der Silberplatten des Reliquiars von Susteren (Abb. 8)[14]. Als Kronen eines nichtchristlichen Königs haben sie aber weder einen Bügel noch ein Stirnkreuz. Sogar in der Zeit Kaiser Konrads II. und Kaiser Heinrichs III. gab es nur wenige Darstellungen, in denen man bei sehr viel gutem Willen stilisierte Wiedergaben der Reichskrone vermuten könnte. Auf dem stark beschädigten Apsisfresko des im Jahre 1031 vollendeten Domes von Aquileja ist zum Beispiel Konrad II. mit einer zackenförmigen Krone zu sehen, die einen Hochbügel und seitliche Pendilien trägt[15]. Und einen Kronreif mit vier bogenförmigen Aufsätzen und einem kleinen Kreuz auf der großen »Stirnplatte« trägt Kaiser Heinrich III. auf einer Miniatur des Codex Aureus von Goslar aus der Zeit um 1051 (Taf. B)[16]. Dieser Krone fehlen aber wiederum der Kronenbügel und die Pendilien.

Einigermaßen realistische Bilder der Reichskrone finden sich im Grunde erstmals im Stammbaum Kaiser Karls IV., einem nach 1355 entstandenen Wandgemälde auf der Burg Karlstein bei Prag (Abb. 9)[17]. Ihnen zufolge besaß die Reichskrone damals zwar noch zwei bandförmige Pendilien, aber schon keine lilienförmigen Aufsätze auf den Schläfenplatten mehr. Auf A. Dürers Gemälde Karls des Großen mit der Reichskrone, das er 1513 für den Rat der Stadt Nürnberg schuf (Abb. 10)[18], sind auch die Pendilien bereits nicht mehr zu sehen. Sie waren mit Sicherheit spätestens 1750 verloren, als Johann Adam Delsenbach im Auftrag der Stadt Nürnberg detailgetreue Kupferstiche der Reichsinsignien und somit auch der Reichskrone (Abb. 11) anfertigte[19].

8 Vgl. P. E. Schramm, Die deutschen Kaiser und Könige in Bildern ihrer Zeit, hg. von F. Mütherich (1983).

9 Schramm u. Mütherich (Anm. 5) Nr. 68 Taf. 282. – Schramm (Anm. 8) Nr. 85 Taf. 335.

10 Decker-Hauff (Anm. 1) 565.

11 Decker-Hauff (Anm. 1) 565 Abb. 93b. – Schramm u. Mütherich (Anm. 5) Nr. 105 Taf. 317. – Schramm (Anm. 8) Nr. 113 Taf. 366.

12 Decker-Hauff (Anm. 1) Abb. 93c. – Schramm (Anm. 8) Nr. 124 Taf. 376. – H. Fuhrmann u. F. Mütherich, Das Evangeliar Heinrichs des Löwen und das mittelalterliche Herrscherbild (1988) Taf. 17.

13 U. Mende u. A. u. I. Hirmer, Die Bronzetüren des Mittelalters (1983) Abb. 25.

14 F. Kreusch, Die Darstellung der Reichskrone auf einer der Süsterner Platten. In: Karolingische und ottonische Kunst (1957) 368ff. Abb. 148–149.

15 G. Niemann u. H. Swoboda, Der Dom von Aquileja (1906) Taf. 14. – P. E. Schramm, Die deutschen Kaiser und Könige in Bildern ihrer Zeit, hg. v. F. Mütherich (1983) Nr. 142 Taf. 393.

16 J. Deér, Mittelalterliche Frauenkronen in Ost und West. In: P. E. Schramm, Herrschaftszeichen und Staatssymbolik 2 (1955) 422 Abb. 57, i. – Schramm (Anm. 8) Nr. 158 Taf. 409.

17 A. Bühler, Zur Geschichte der deutschen Reichskleinodien. Das Münster 27, 1974, 405ff. – G. J. Kugler, Die Reichskrone (2. Aufl. 1986) Taf. 10–11.

18 K. Löcher, Dürers Kaiserbilder. In: R. Pörtner (Hg.), Das Schatzhaus der deutschen Geschichte (1982) 307ff. Abb. 3. – E. Rosenthal, Die »Reichskrone«, die »Wiener Krone« und die »Krone Karls des Großen«. Jahrb. Kunsthist. Samml. Wien 66, 1970, 28ff.

19 J. von Schlosser, Die Schatzkammer des Allerhöchsten Kaiserhauses in Wien (1918) Abb. 8–9. – H. Fillitz, Studien zur römischen Reichskrone. Jahrb. Kunsthist. Samml. Wien 50, 1953, 23ff. Abb. 11. – Kugler (Anm. 17) 17 Taf. 2–3. – H. Pleticha, Des Reiches Glanz (1989).

Abb. 7   Bildnis des Königs Herodes (?) auf der Bronzetür Bischof Bernwards von Hildesheim, 1015.

Die mittelalterlichen Bildquellen geben zwar keinen Hinweis auf das konkrete Alter der Reichskrone, lassen aber auf jeden Fall den überaus starken Einfluß erkennen, den byzantinische Kaiserkronen auf die Gestalt der Reichskrone ausgeübt haben.

Daß bogenförmige Plattenkronen mit figürlichen Darstellungen in Senkschmelztechnik aus dem Osten stammen, ist seit langem bekannt und durch Beispiele, wie die goldenen Kronenplatten aus dem um 971 vergrabenen Schatz von Preslav in Bulgarien (Abb. 12)[20] oder jene der Monomachos-Krone (um 1050) in Budapest (Abb. 13)[21], eindeutig zu beweisen. Darüber hinaus gehen aber auch die ausschließlich mit Edelsteinen verzierten Bogenplatten der Reichskrone letztlich auf byzantinische Vorbilder zurück. Ein Beleg dafür ist bereits das Bildnis der Gottesmutter im Ornat einer byzantinischen Kaiserin auf der Ikone von Sta. Maria Trastevere (Taf. N) aus dem frühen 8. Jahrhundert[22]. Diese byzantinische Plattenkrone trug lange Pendilien aus Perlschnüren und natürlich ein Stirnkreuz, das auf fast keiner byzantinischen Kaiserkrone fehlte[23]. Selbst was den Edelsteinschmuck betrifft, nämlich die Bevorzugung von Saphiren, Amethysten, Smaragden, Rubinen und Perlen, erfüllte die Reichskrone die für die Insignien oströmischer Kaiser schon seit der Spätantike geltenden Normen[24].

Die byzantinischen Einflüsse haben sich aber nicht allein auf die Gestalt der Reichskrone ausgewirkt, sondern machen sich auch bei nahezu allen Verzierungselementen bemerkbar.

Abb. 8   Bildnis des Königs Herodes auf dem Reliquiar von Susteren, frühes 11. Jahrhundert. –
Kath. Pfarrkirche Susteren (nach Kreusch).

20 A. Ančev, La Bulgarie médiévale. Kat. Paris (1980) Abb. 157. – T. Totev, Preslavskogo skrobišče. Izvestija Narodn. Mus. Varna 22, 1986, 83 ff. Taf. 7–8.

21 K. Wessel, Die byzantinische Emailkunst (1967) 98 ff. Nr. 32. – J. Deér, Die Heilige Krone Ungarns (1966) Taf. 36, 90.

22 H. Fillitz, Die Krone des Heiligen Römischen Reiches. Zur Rekonstruktion der ursprünglichen Form. In: Studien zur Buchmalerei und Goldschmiedekunst des Mittelalters. Festschrift K. H. Usener (1967) 21 ff. Abb. 2. – E. Coche de la Ferté, L'Art de Byzance (1981) Taf. 56. – G. Schiller, Ikonographie der christlichen Kunst 4,2 (1980) Abb. 440.

23 Vgl. u. a. die Kaiserkronen mit Stirnkreuz in den Homilien

des Gregor von Nazianz von 880–883 (S. Der Nersessian, Dumbarton Oaks Papers 16, 1962, 197 ff. Abb. 3 und 15), auf dem Elfenbein mit dem Bildnis des Kaisers Romanos II. (959–963) in der Pariser Bibl. Nationale (Splendeur de Byzance. Kat. Brüssel [1982] 98 Nr. 7. – E. Piltz, Kamelaukion et Mitra [1977] Abb. 44) und auf dem Mosaik des Kaisers Konstantin Monomachos aus dem mittleren 11. Jh. in der Hagia Sophia (Coche de la Ferté [Anm. 22] Abb. 71. – A. Grabar, La peinture byzantine [1953] 98).

24 G. Friess, Edelsteine im Mittelalter (1980) 54. – H. Trnek, Die Reichskrone. In: Weltliche und Geistliche Schatzkammer, Bildführer des Kunsthistorischen Museums Wien (1987) 150.

CAROLVS GENVIT LVDOWIC
PIVM IMPERATOREM

32

Abb. 9 Bildnis Karls des Großen. Wandgemäle auf der Burg Karlstein bei Prag, nach 1355. – Bildarchiv der Österreichischen Nationalbibliothek Wien.

Abb. 10   Bildnis Kaiser Karls des Großen, Gemälde von Albrecht Dürer, 1513. – Germanisches Nationalmuseum Nürnberg.

Abb. 11   Die Reichskrone. Kupferstich von J. A. Delsenbach von 1750, veröffentlicht 1790. – Staatsarchiv Nürnberg.

Abb. 12   Emaillierte Goldplatten einer Krone aus dem um 971 vergrabenen Schatz von Preslav in Bulgarien. –
Arch. Museum Preslav. – H. 5,4 cm.

38

Abb. 13 Goldene Senkschmelzplatten der Monomachos-Krone, um 1050. – Ungarisches Nationalmuseum Budapest. –
H. 8,7–11,5 cm.

II. DER KRONREIF

Bei ihren stilistischen Analysen der Reichskrone beschränkten sich H. Fillitz[1] und H. Decker-Hauff[2] auf einige ausgewählte Details. Dadurch konnte der Eindruck entstehen, daß zwischen den Kronenplatten und dem Älteren Mathildenkreuz (Taf. A) in Essen (973–982) ein besonders enger Zusammenhang bestünde und eine Datierung des Kronreifs in ottonische Zeit somit gerechtfertigt sei[3]. Um diesen Befund zu überprüfen und um ein vollständigeres, weniger einseitig vorgeprägtes Bild zu erzielen, sollen im folgenden alle Verzierungsformen der Kronenplatten auf Alter und Herkunft untersucht werden. Der Übersichtlichkeit halber sind diese Elemente zudem in einer Tabelle erfaßt, in der auch ihr Vorkommen bei anderen sicher oder halbwegs gut datierbaren Goldschmiedewerken des 9. bis ausgehenden 11. Jahrhunderts vermerkt ist (Tabelle 1). Darin wurden allerdings Arbeiten, die – wie etwa der Andreas-Tragaltar in Trier (977–993)[4] – keine Übereinstimmungen mit den Platten des Kronreifs aufweisen, nicht aufgenommen.

Hinsichtlich der zeitlichen Anordnung der Vergleichsobjekte in Tabelle 1 ist noch eine Vorbemerkung erforderlich. Dem Kenner der hochmittelalterlichen Goldschmiedekunst wird sofort auffallen, daß viele Arbeiten, die bisher als »ottonisch« galten, nicht in die Zeit um 1000 eingestuft wurden. Das gilt nicht nur für die Schmuckstücke aus dem Mainzer »Hort der Kaiserinnen«[5], die aus dem mittleren Drittel des 11. Jahrhunderts stammen[6], sondern auch für die Krone der Goldenen Madonna (Abb. 46), das Jüngere Mathildenkreuz (Taf. C) und das Kreuz mit Senkschmelzplatten (Taf. H) im Essener Münsterschatz[7]. Deren gängige Datierung in ottonische Zeit beruht nämlich auf den bisher unbewiesenen Prämissen, daß es sich bei der Krone der Madonna um die Kinderkrone Ottos III. handeln müsse[8] und daß das Jüngere Mathildenkreuz zu Lebzeiten der Äbtissin Mathilde (971–1011) entstanden sei[9], weil das Stifterbild aus Zellenschmelz eine Äbtissin dieses Namens zeigt. Die Analyse der Schmuckformen spricht indes gegen eine so frühe Datierung dieser Werke.

Daß die kleine Krone der Essener Madonna (vgl. Abb. 46) nicht um 980[10], sondern erst im mittleren 11. Jahrhundert geschaffen wurde, beweist nämlich die Kombination von offenen Schlaufenfassungen ohne Goldblechunterlage mit gezähnten Zargenfassungen der Perlen und Edelsteine, die man sonst nur auf dem Armreliquiar des hl. Sigismund aus dem späten 11. Jahrhundert[11] und bei der Mainzer Buckelfibel mit Trommelkranz aus dem Schatz der Kaiserin Agnes findet, die zudem über ähnliche Kleeblattfassungen aus Filigrandraht verfügt[12]. Die mit seitlichen Rundeln geschmückten Dreibeine auf dem Essener Krönchen kommen ansonsten nur noch auf der gegen 1063/4 angefertigte Krone des Kunigundenreliquiars[13] und auf dem Essener Kreuz mit Senkschmelzplatten (Taf. H) vor[14]. Daß auch

1 H. Fillitz, Studien zur Römischen Reichskrone. Jahrb. Kunsthist. Samml. Wien 50, 1953, 32ff.
2 H. Decker-Hauff, Die »Reichskrone«, angefertigt für Kaiser Otto I. In: P. E. Schramm, Herrschaftszeichen und Staatssymbolik 2 (1955) 560ff.
3 Fillitz (Anm. 1) 42. – Decker-Hauff (Anm. 2) 572ff.
4 H. Westermann-Angerhausen, Die Goldschmiedearbeiten der Trierer Egbertwerkstatt. Beih. Trierer Zeitschr. 36, 1973, 9ff. Abb. 1–11.
5 Decker-Hauff (Anm. 2) 575. – H. Westermann-Angerhausen, Ottonischer Fibelschmuck, neue Funde und Überlegungen. Jewellery Studies 1, 1983–84, 21ff.
6 M. Schulze-Dörrlamm, Der Mainzer Schatz der Kaiserin Agnes aus dem mittleren 11. Jahrhundert. Neue Untersuchungen zum sogenannten »Gisela-Schmuck« (1991).
7 L. Küppers u. P. Mikat, Der Essener Münsterschatz (1966) Taf. 9, 10 und 13.

8 P. E. Schramm, Die Kronen des frühen Mittelalters. In: Herrschaftszeichen und Staatssymbolik 2 (1955) 415 Abb. 55. – P. E. Schramm u. F. Mütherich, Denkmale der deutschen Könige und Kaiser (1962) Nr. 81 Taf. 296.
9 Küppers u. Mikat (Anm. 7) 45ff. Taf. 13–15. – Fillitz (Anm. 1) 36. – E. Medding-Alp, Rheinische Goldschmiedekunst in ottonischer Zeit (1952) 35 Taf. 36.
10 Vgl. Anm. 8.
11 W. Arenhövel, Der Hezilo-Radleuchter im Dom zu Hildesheim (1975) 148ff. Abb. 171. 359–361.
12 Schulze-Dörrlamm (Anm. 6) 37ff. Abb. 20. – K. Flügel, Schatzkunst des Mittelalters (1986) Taf. 1.
13 R. Baumgärtel-Fleischmann, Die sogenannte Kunigundenkrone. Münchner Jahrb. Bildende Kunst 32, 1981, 25ff. Abb. 12.
14 Küppers u. Mikat (Anm. 7) Taf. 12.

dieses vermeintlich ottonische Kreuz erst in salischer Zeit entstanden ist, bezeugen die kleinen, von einem Wellenband umringten Edelsteine, die gezähnten Goldblechzargen der Emailplättchen, die stempelförmig erweiterten Kreuzarme, die denen des Kölner Kapitelkreuzes von 1030 (vgl. Abb. 47)[15] ähneln, und die Perldrahtranken aus geklammerten Stengelblüten, die auch den Buchdeckel und das Kreuz (Taf. K) der Essener Äbtissin Theophanu (1039–56)[16] sowie die Vorderseite der im mittleren 11. Jahrhundert geschaffenen Essener Pax-Tafel[17] zieren.

Das sogenannte Jüngere Mathildenkreuz (Taf. C) in Essen wird ebenfalls gern der ersten Äbtissin Mathilde (971–1011), der Stifterin des Älteren Mathildenkreuzes[18] (Taf. A), zugeschrieben. Daß es aber frühestens im mittleren 11. Jahrhundert oder – wie es Th. Jülich kürzlich vorgeschlagen hat[19] – erst in der zweiten Hälfte des 11. Jahrhunderts entstanden sein dürfte, bezeugt nicht nur der angeblich nachträglich hinzugefügte[20] gegossene Corpus Christi. Darauf deuten auch folgende Merkmale hin: die Verwendung von Zellenschmelzen, die keine Pflanzenornamente mehr, sondern ausschließlich geometrische Muster[21] zeigen und überdies in gezähnten Zargenfassungen sitzen, die Perldrahtranken mit Stengelblüten, welche für deutsche Goldschmiedearbeiten der Salierzeit typisch sind, und die flächendeckende Punzierung der Rückseite, die auch beim Essener Kreuz mit Senkschmelzplatten und beim Essener Kreuz (Taf. K) der Äbtissin Theophanu (1039–56)[22] zu finden ist. Daß das als Pendant zum Älteren Mathildenkreuz – vermutlich für eine zweite Essener Äbtissin dieses Namens – geschaffene Jüngere Mathildenkreuz so gestaltet wurde, daß es seinem Vorbild in der äußeren Form und in der Anordnung von Perlen, Edelsteinen und Emails ähnelte, ist durchaus verständlich. Dieser Umstand rechtfertigt aber keine Datierung des Kreuzes in ottonische Zeit.

Insgesamt gesehen, führen die eingehende Untersuchung aller Verzierungselemente der Kronenplatten, die Revision von einigen herkömmlichen, aber ungesicherten Datierungen, vor allem die Einbeziehung einer sehr viel größeren Zahl von Vergleichsobjekten und nicht zuletzt von archäologischen Funden zu völlig anderen Ergebnissen als jenen, die H. Fillitz[23] seinerzeit veröffentlichte.

A. Verzierungselemente der Vorderseiten

1. Edelstein- und Perlfassungen

a) Tragende Goldblechröhrchen (Tabelle 1,c)

Alle Perlen und Edelsteine auf den Kronenplatten sitzen in einem offenen Perldrahtring, der von mindestens vier Röhrchen aus glattem Goldblech getragen wird. Diese gehören zu den ungewöhnlichsten Schmuckelementen des Kronreifs, denn sie sind bei anderen Goldschmiedearbeiten des 10. und 11. Jahrhunderts in Deutschland sonst nirgends nachweisbar. In ihrer Funktion entsprechen sie lediglich den kleinen Goldblech-Kelchen, auf denen die Edelsteinfassungen des Codex Aureus von St. Emmeram

15 H. E. Adler, Kölner Dombl. 30, 1969, 15 ff. Abb. 2b. – Rhein und Maas. Kat. Köln (1972) 141 Nr. VIIIk.

16 Küppers u. Mikat (Anm. 7) Taf. 21–22, 28–29.

17 Küppers u. Mikat (Anm. 7) Taf. 31. – Medding-Alp (Anm. 9) Abb. 40. – H. Schnitzler, Rheinische Schatzkammer (1957) Abb. 134.

18 Vgl. Anm. 9.

19 Th. Jülich, Gemmenkreuze. Aachener Kunstbl. 54/55, 1986/87, 191.

20 Fillitz (Anm. 1) 36. – E. Hürkey, Das Bild des Gekreuzigten im Mittelalter (1983) Nr. 114a. – R. Wesenberg, Frühe mittelalterliche Bildwerke (1972) 60 Taf. 161.

21 Ein wichtiges Indiz für die späte Zeitstellung des Jüngeren Mathildenkreuzes sind vor allem die quadratischen Zel-

lenschmelzplättchen, die mit je vier roten Kreuzchen in weißen Scheiben vor grünem Hintergrund verziert sind. Dieses Muster ist der byzantinischen Kunst entlehnt und kommt dort als flächendeckendes Ornament m. W. erstmals auf Werken der zweiten Hälfte bzw. des ausgehenden 11. Jahrhunderts vor, z. B. im Codex 2645 (M. Marava-Chatzinicolaou u. C. Toufexi-Faschou, Catalogue of the illuminated Byzantine manuscripts in the National Library of Greece [1978] 139 ff. Nr. 34 Abb. 322) und auf der Ikone des Hl. Michael im Schatz von San Marco (H. Hellenkemper [Hrsg.], Der Schatz von San Marco in Venedig. Kat. Köln [1984] 179 ff. Nr. 18).

22 Schnitzler (Anm. 17) Taf. 146; 154.

23 Fillitz (Anm. 1) 32 ff.

Abb. 14 Aufsicht und Schrägansicht des Berengar-Kreuzes aus dem Beginn des 10. Jahrhunderts. – Domschatz Monza. –
H. 23 cm.

aus der Zeit um 870 ruhen[24]. Große Ähnlichkeit haben sie allerdings mit den Goldblech-Säulchen unter den Edelsteinen des Berengar-Kreuzes im Domschatz zu Monza aus dem beginnenden 10. Jahrhundert (Abb. 14)[25]. Daß es sich hier um ein althergebrachtes und ganz typisches Schmuckelement der »byzantinischen« Goldschmiedekunst handelt, zeigt nicht nur dieses Brustkreuz: das belegen vielmehr auch die mediterranen Goldfingerringe und Schmucknadeln des späten 6./7. Jahrhunderts aus Gräbern von Castel Trosino in Italien[26], aus Samobor in Jugoslawien[27], aus Gondorf/Mosel[28] und St. Severin in Köln (Abb. 15)[29].

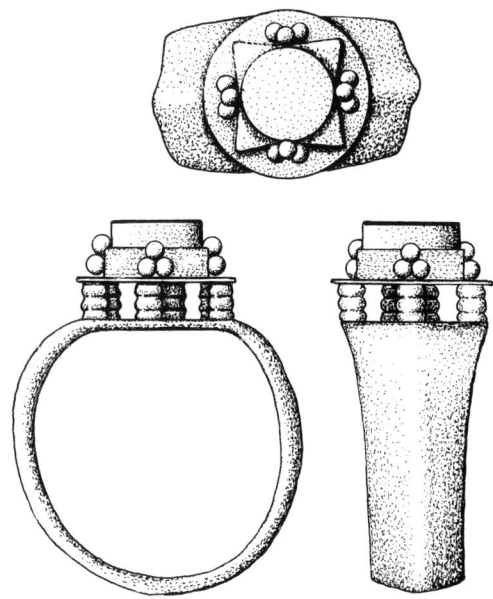

Abb. 15 Aufsicht und Seitenansichten des byzantinischen Goldfingerrings aus Grab P 73 von St. Severin in Köln, zweite Hälfte des 6. Jahrhunderts (nach Fremersdorf). – Römisch-Germanisches Museum Köln. – M = 2:1.

b) Aufgesteckte Perlen in offenem Perldrahtring (Tabelle 1,g)

Die Perlen auf den Kronenplatten sind alle von einem Ring aus Perldraht umgeben. Ein quer durch sie hindurch gesteckter glatter Golddraht, dessen Enden mit dem Perldrahtring verlötet sind, hält die Perlen »schwebend« in der offenen Fassung. Diese Befestigungsweise von Perlen war schon den Goldschmieden der Spätantike bekannt[30] und blieb – wie das Beispiel byzantinischer Halbmondohrringe der

24 M. Rosenberg, Geschichte der Goldschmiedekunst auf technischer Grundlage. Granulation (1918) Abb. 240. – H. Swarzenski, Monuments of Romanesque Art (1953) Abb. 20–21. – D. Gaborit-Chopin, Cahiers Arch. 29, 1980–81, Abb. 10.

25 M. Rosenberg, Geschichte der Goldschmiedekunst auf technischer Grundlage. Niello (1924) 92 Abb. 93. – O. Zastrow u. S. de Meis, Oreficeria in Lombardia (1975) Taf. 19–20. – Jülich (Anm. 19) 148 ff.

26 G. Sergi, La necropoli barbarici di Castel Trosino presso Ascoli Piceno. Mon. Antichi 12, 1902, Taf. 6,5.

27 Germanen, Hunnen und Awaren, Schätze der Völkerwanderungszeit. Kat. Nürnberg (1987) 196 Nr. IV, 8 Taf. 16.

28 M. Schulze-Dörrlamm, Die spätrömischen und frühmittelalterlichen Gräberfelder von Gondorf, Gem. Kobern-Gondorf, Kr. Mayen-Koblenz. German. Denkm. Völkerwanderungszeit Ser. B,14 (1990) Taf. 92, 2–5.

29 F. Fremersdorf, Zwei wichtige Frankengräber aus Köln. IPEK 15–16, 1941–42, 124 ff. Abb. 6k.

30 Vgl. einen Armring und ein Medaillon des 4. Jahrhunderts im Louvre (E. Coche de la Ferté, Antiker Schmuck [1961] Taf. III. – C. Lepage, Cahiers Arch. 21, 1971, 17 Abb. 28) sowie den Scheitelschmuck aus Tunis und das Armband im British Museum London (F. H. Marshall, Catalogue of the jewellery. Greek, Etruscan and Roman [1911] Taf. 66, 2824 und 2866. – B. Deppert-Lippitz, in: Palmyra. Kat. Linz [1987] 184 Abb. 4).

zweiten Hälfte des 10. Jahrhunderts (Abb. 16) zeigt[31] – im östlichen Mittelmeerraum bis weit in das Hochmittelalter hinein gebräuchlich.

In Deutschland allerdings lassen sich derartige Perlfassungen erstmals auf Goldschmiedearbeiten aus der Zeit Kaiser Heinrichs II. nachweisen: beim Codex Latinus 4454 in München (Abb. 17)[32] sowie bei den zwei Sternfibeln, die am Westchor des Mainzer Domes gefunden wurden (Abb. 18)[33] und wahrscheinlich von Goldschmieden aus dem Süden gestaltet worden sind[34]. Aufgesteckte Perlen im offenen Perldrahtring schmücken nicht nur die Kronenplatten, sondern auch das Kronenkreuz (Abb. 75; Taf. 11)[35], die Lunula des Mainzer Loros (Abb. 19) sowie drei Kegelfibeln mit Trommelkranz des Mainzer Schatzes der Kaiserin Agnes aus dem zweiten Drittel des 11. Jahrhunderts[36], nicht zuletzt auch die durchbrochenen Filigrandrahtbuckel auf dem Halsschmuck der Hildesheimer Madonna (Abb. 20), den M. Brandt für bernwardinisch hält[37]. Angesichts der verblüffenden Ähnlichkeit dieser halbkugeli-

Abb. 16   Zwei byzantinische Goldohrringe mit Perlenschmuck aus der zweiten Hälfte des 10. Jahrhunderts. – Sammlung H. Stathatos, Athen. – M = 1:1.

31 Aufgesteckte Perlen im offenen Perldrahtring schmücken z. B. die Ohrringe aus dem um 971 vergrabenen Schatz von Preslav (T. Totev, Preslavskogo skrobišče. Izvestija Narodn. Mus. Varna 22, 1986, Taf. 15), die Halbmondohrringe aus der Zeit des Kaisers Johannes Tzimisces (H. Schlunck, Eine Gruppe datierbarer byzantinischer Ohrringe. Ber. Berliner Museen 61, 1940, 42 ff. Abb. 2.4), einen Ohrring in Syrakus (P. Orsi, Sicilia Bizantina [1942] 143 ff. Taf. 11,8) sowie Ohrringe in einer Privatsammlung (F. Naumann, Antiker Schmuck. Kat. Kassel [1980] Nr. 103 und 105) und in der Sammlung H. Stathatos/ Athen (A. K. Orlandos, in: Collection H. Stathatos 3 [1963] 286 Abb. 214–215).

32 F. Steenbock, Der kirchliche Prachteinband im frühen Mittelalter (1965) Nr. 47 Abb. 65. – K. Dachs u. E. Klemm, Thesaurus Librorum. Kat. München (1983) 58 Nr. 18.

33 F. Schneider, Mittelalterliche Goldfibeln, ein Fund aus dem Boden von Mainz. Jahrb. Preuß. Kunstsamml. 18, 1897, 170 ff. – O. von Falke, Der Mainzer Goldschmuck der Kaiserin Gisela (1913) 28 Abb. 23–24. – G. Bott, Ullstein Juwelenbuch (1972) 49 f. – Zur Datierung vgl. Schulze-Dörrlamm (Anm. 6) 64.

34 Schulze-Dörrlamm (Anm. 6) 65.

35 Fillitz (Anm. 1) 32 Abb. 16.

36 von Falke (Anm. 33) Abb. 9 und Taf. 7. – Schulze-Dörrlamm (Anm. 6) 28 ff.

37 M. Brandt, »…und gezieret mit Edelgesteinen«. In: Bernwardinische Kunst (1988) Abb. 14 und 18. – Ders. (Hg.), Kirchenkunst des Mittelalters. Kat. Hildesheim (1989) 37 ff. Abb. 60.

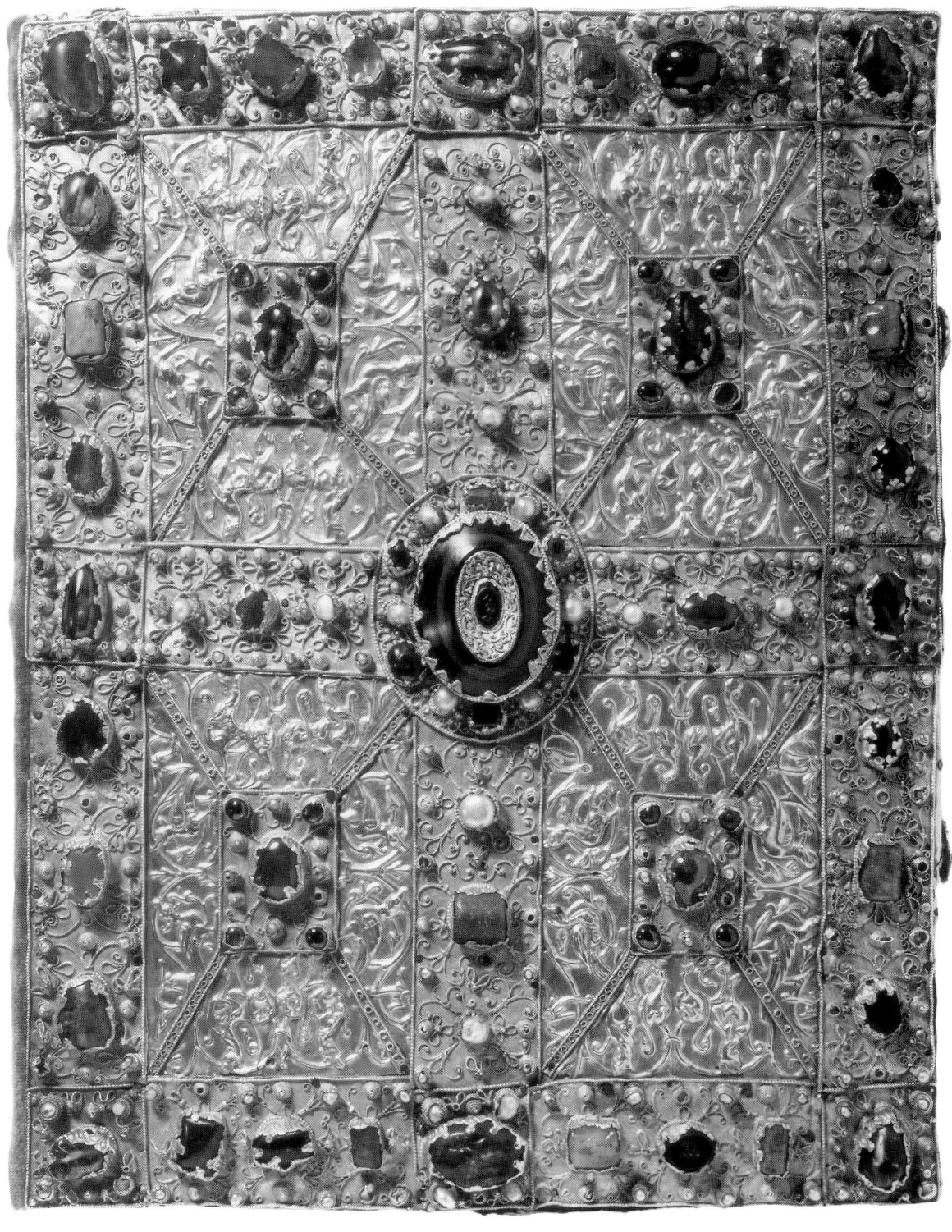

Abb. 17 Goldeinband eines Evangeliars aus der Zeit Heinrichs II. – Bayerische Staatsbibliothek München, Clm 4454. – H. 30,5 cm.

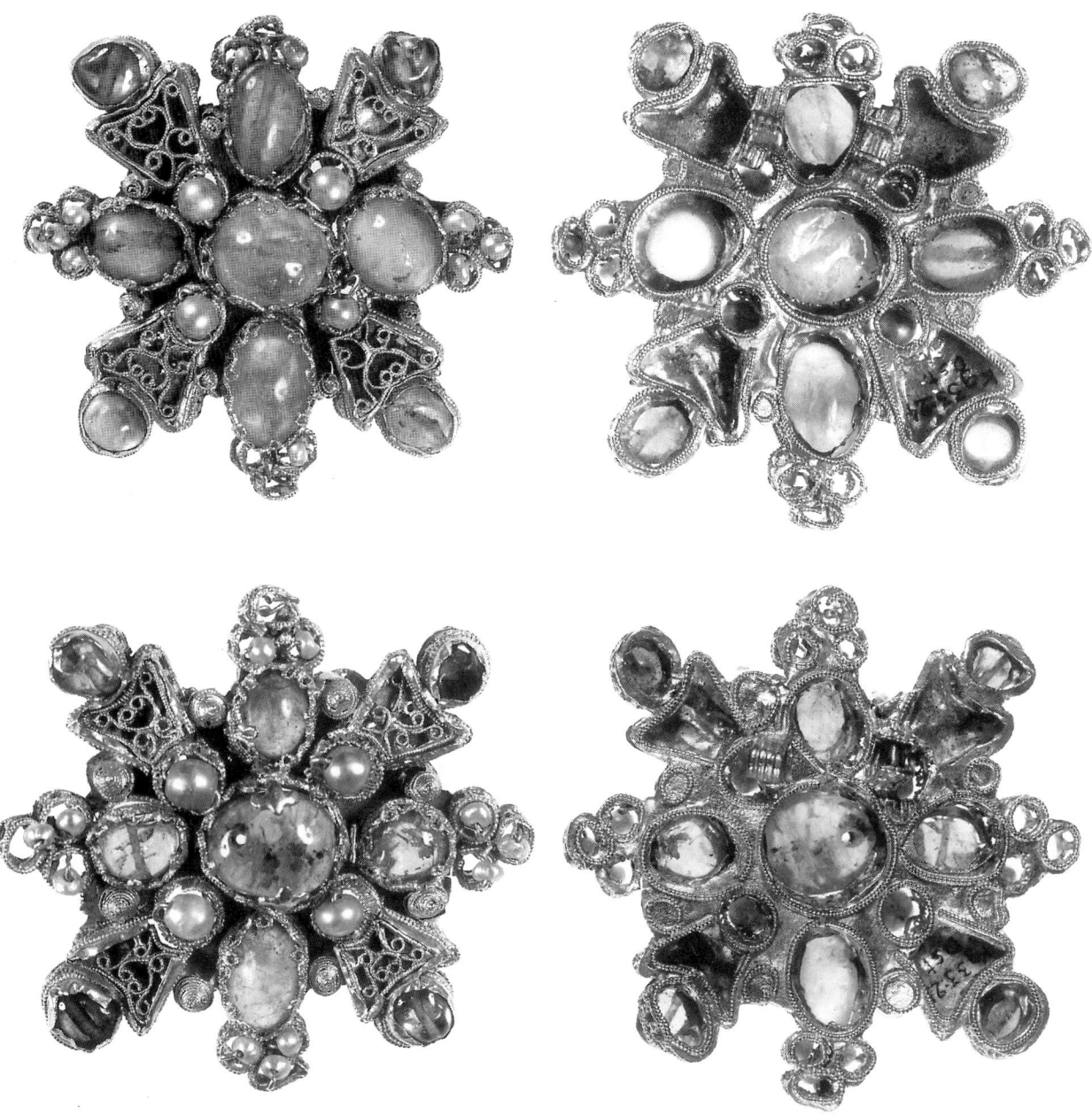

Abb. 18   Vorder- und Rückseiten der beiden goldenen Sternfibeln, die 1896 am Westchor des Mainzer Domes aufgefunden wurden. – Hessisches Landesmuseum Darmstadt. – M = 1:1.

gen Buckel mit jenen auf den Randtrommeln der Towneley Brooch sowie der Buckelfibeln aus Mainz (Abb. 21) und Hasselt[38] wird man den Halsschmuck aber wohl ebenso wie diese in das mittlere Drittel des 11. Jahrhunderts datieren dürfen.

In jedem Fall zählen die aufgesteckten Perlen im offenen Perldrahtring zu jenen Zierelementen, die belegen, daß die Platten der Reichskrone erst nach der Jahrtausendwende entstanden sein können.

38 Westermann-Angerhausen (Anm. 5) 21 ff. – Schulze-Dörrlamm (Anm. 6) Abb. 20. 22 und 23.

Abb. 19   Detailansicht des goldenen Brustbehangs (Loros) aus dem Mainzer Schatz der Kaiserin Agnes, mittleres Drittel des
11. Jahrhunderts (Vorkriegszustand). – Berlin-Köpenick, Kunstgewerbemuseum.

Abb. 20   Goldener Halsschmuck der Goldenen Madonna in Hildesheim. – Diözesanmuseum Hildesheim.

Abb. 21 Schrägansicht der goldenen Buckelfibel mit Trommelkranz aus dem Mainzer Schatz der Kaiserin Agnes, mittleres Drittel des 11. Jahrhunderts. – Berlin-Köpenick, Kunstgewerbemuseum. – Dm. 8,5 cm.

c) Dreifingrige Krallenfassungen (Tabelle 1,l)

Alle großen Edelsteine des Kronreifs werden von vier, manchmal auch von sechs dreifingrigen Goldkrallen in ihren Fassungen aus je zwei Perldrahtringen gehalten, welche durch angelötete einzelne Goldkugeln miteinander verbunden sind. Jede dieser Krallen steht auf einer solchen Goldkugel, die ihrerseits von einem Goldblechröhrchen getragen wird (Taf. 3–8).

Diese besonders dekorative Art, Edelsteine zu befestigen, geht letztlich wohl auf Dreiblattfassungen zurück, die in der Goldschmiedekunst Italiens und des Byzantinischen Reiches schon im 9. Jahrhundert üblich waren. Darauf deuten zum Beispiel das Bursenreliquiar im Domschatz zu Monza[39] und ein mit aufgefädelten Perlschnüren verzierter, byzantinischer Almandinanhänger aus Mikulčice in Mähren (Abb. 22)[40] hin.

Fassungen aus freistehenden dreifingrigen Krallen, die nicht – wie etwa beim Nimbus des Christusknaben der Essener Madonna[41], beim Tuotilo-Buchdeckel in St. Gallen[42] und beim Arnulf-Ciborium[43] – auf breite Goldblechzargen aufgelötet sind, treten in Deutschland erstmals seit der Jahrtausendwende auf, nämlich bei dem um 1006 entstandenen Giselakreuz in München (Abb. 23)[44]. Daß solche dreifingrigen Krallenfassungen dann noch bis gegen Ende des 11. Jahrhunderts immer wieder einmal zur Halterung von Edelsteinen verwendet wurden, belegen die zwei einseitig verzierten Halbmondohrringe des Mainzer Schatzes der Kaiserin Agnes aus dem mittleren Drittel des 11. Jahrhunderts[45] (Abb. 24)

39 J. Hubert, J. Porcher u. W. F. Volbach, Die Kunst der Karolinger (1969) Abb. 194.
40 K. Benda, Mittelalterlicher Schmuck (1966) Abb. 32. – W. Hensel, in: Beiträge zur Ur- und Frühgeschichte 2 (1982) 81 Abb. 2, 3.
41 Wesenberg (Anm. 20) 17 ff. Taf. 13.
42 J. Duft u. R. Schnyder, Die Elfenbeineinbände der Stiftsbibliothek St. Gallen (1984) 55 ff. Taf. 15.
43 Die auf eine Zarge gelöteten dreifingrigen Krallenfassungen finden sich nur auf der Schauseite des obersten Giebels

des Arnulf-Ciboriums (um 870) und gehen meines Erachtens auf eine Reparatur in spätottonischer Zeit zurück (vgl. A. Boeckler, Ars Sacra. Kat. München [1950] 32 ff. Nr. 71. – Swarzenski [Anm. 24] Abb. 14).
44 Schramm u. Mütherich (Anm. 8) Nr. 143 Taf. 366. – H. Fillitz, Das Mittelalter I. Propyläen Kunstgeschichte 5 (1969) Farbtaf. 26.
45 von Falke (Anm. 33) Taf. 4,5. – Schulze-Dörrlamm (Anm. 6) Abb. 2,1–2.

ebenso wie der Mittelsaphir des Osnabrücker Kapitelkreuzes aus der Zeit um 1070 (Abb. 25; Taf. L)[46] und das gegen 1100 geschaffene Evangeliar von Helmarshausen (vgl. Abb. 49)[47].

In der für die Edelsteine der Kronenplatten so typischen Kombination mit dicken, freistehenden Goldkugeln kommen die Krallen jedoch nur bei Goldschmiedearbeiten aus der frühen Salierzeit vor, zu denen die beiden byzantinischen oder italienischen Goldfibeln aus Minden (Abb. 26)[48] und Schleswig (Abb. 27)[49] sowie das Kreuz der Reichskrone zählen, welches stilistisch (vgl. Abb. 82) zwischen den Kronenplatten und dem Reichskreuz Konrads II.[50] steht.

Abb. 22   Goldener Almandinanhänger mit aufgefädeltem Perlschmuck aus Mikulčice/Mähren, zweite Hälfte des 9. Jahrhunderts. Archäologisches Institut der Tschechoslowakischen Akademie der Wissenschaften, Brünn. – M = 2:1.

d) Freitragende Goldkugeln (Tabelle 1,o)

Bei allen großen Edelsteinen des Kronreifs bestehen die Fassungen aus zwei unterschiedlich großen Perldrahtringen, die durch dicke, freitragende Goldkugeln miteinander fest verbunden sind.

Da die Goldschmiede des Orients schon in der Antike solche freitragenden Goldkugeln zur Verzierung von Schmuckstücken verwendeten[51], ist es nicht verwunderlich, daß sie auch noch an byzantinischen Goldschmiedearbeiten des frühen Mittelalters vorkommen. Sie schmücken zum Beispiel einen tropfenförmigen Anhänger des 7. Jahrhunderts (Abb. 28)[52], den goldenen Fingerring aus Chrovátsky Grob

46 W. Borchers, Der Osnabrücker Domschatz (1974) Abb. 8.11–12. – H. Westermann-Angerhausen, Westfälische Goldkreuze und ihre Voraussetzungen in Rheinland und Niedersachsen. In: Rhein und Maas. Kat. Köln (1972) 181 ff. Abb. 15. – Ornamenta Ecclesiae. Kat. Köln 3 (1985) 103 ff. H 27.

47 Steenbock (Anm. 32) 171 ff. Nr. 79 Abb. 107. – Ornamenta Ecclesiae. Kat. Köln 1 (1985) 443, C 20.

48 Schulze-Dörrlamm (Anm. 6) Abb. 18. – Westermann-Angerhausen (Anm. 5) 26. – Dies., Die Mindener Goldfibel. Westfalen 61, 1983/1, 100 f.

49 H. Westermann-Angerhausen, Ein ottonisches Schmuckstück aus dem Rheinland in Schleswig. Beitr. Schleswiger Stadtgesch. 22, 1977, 7 ff. – Schulze-Dörrlamm (Anm. 6) Abb. 26.

50 H. Fillitz, Die Schatzkammer in Wien. Symbole abendländischen Kaisertums (1986) 166 f. Taf. 5–6.

51 Vgl. z. B. mäotisch-sarmatische Schläfenanhänger des 2. Jahrhunderts v. Chr. (Gold und Kunsthandwerk aus dem antiken Kuban. Kat. Mannheim [1989] Abb. 53).

52 F. Naumann, Antiker Schmuck. Kat. Kassel (1980) 26 Taf. 7, 18.

Abb. 23 Das Giselakreuz, um 1006. – Schatzkammer der Münchner Residenz. – H. 44,5 cm.

Abb. 24 Goldenes Halbmondohrringpaar aus dem Mainzer Schatz der Kaiserin Agnes, mittleres Drittel des 11. Jahrhunderts. – Berlin-Köpenick, Kunstgewerbemuseum. – M = 1:1.

Abb. 25 Schrägansicht der Vierung des Osnabrücker Kapitelkreuzes, um 1070. – Domschatz Osnabrück.

Abb. 26   Auf- und Seitenansicht der goldenen Kegelfibel mit Saphir-Einlage aus Minden, zweites Viertel des 11. Jahrhunderts. –
Museum Minden. – M = 2:1.

 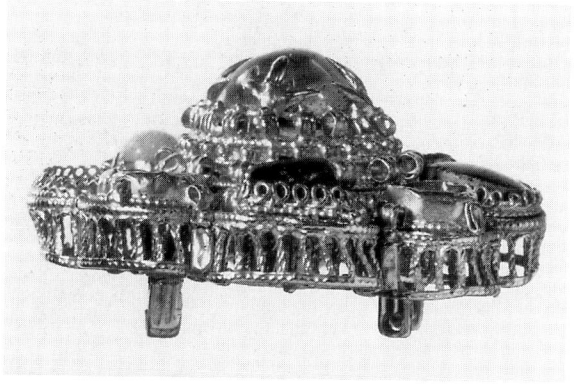

Abb. 27   Auf- und Seitenansicht der goldenen Buckelfibel mit Trommelkranz aus Schleswig, zweites Viertel des 11. Jahrhunderts.
Landesmuseum der Christian-Albrechts-Universität, Schloß Gottorf, Schleswig. – M = 2:1.

Abb. 28   Byzantinischer Goldanhänger des 7. Jahrhunderts. – Privatbesitz. – M = 1:1.

(Abb. 29)[53] und die goldene Mantelschließe aus dem awarischen Frauengrab 19 des späten 7.–8. Jahrhunderts von Budapest-Rákos[54]; bei dieser sind die freitragenden Goldkügelchen allerdings sehr klein und ebenso zu Paaren angeordnet wie jene winzigen Goldkugeln am unteren Ende des Trierer Nagelreliquiars, das aus der Trierer Egbert-Werkstatt (977–993) stammen soll[55], aber wegen seiner halbpalmettenförmigen Fassungen mit Glaseinlagen wohl eher karolingisch sein dürfte (s. Anm. 78).

Dicke, einzelne Goldkugeln schmücken zwar einige Breitfassungen des Heinrichsportatiles (Taf. D) der Zeit zwischen 1014–24[56], des Reichskreuzes Konrads II. (Abb. 30)[57] und der sogenannten Towneley Brooch aus dem mittleren Drittel des 11. Jahrhunderts[58] sowie eine kleine Ovalfibel aus dem Burgwall in Alt-Lübeck[59], doch sind diese allesamt nicht freitragend, sondern mit einem Goldblech unterlegt.

Echte freitragende dicke Goldkugeln kommen dagegen in Deutschland erstmals bei Schmuckstücken aus dem Beginn der Salierzeit vor. Zu den ältesten Belegen gehören die goldene Kegelfibel aus Minden, die wegen ihres Randes aus lose aufgefädelten Perlen sicher mediterraner Herkunft ist (vgl. Abb. 26)[60], sowie die Buckelfibel mit Trommelkranz aus Schleswig (vgl. Abb. 27)[61]. Auch diese dürfte wegen der Glasflüsse mit umlaufender Perlschnur, welche lediglich von vier kreuzförmig gestellten Goldösen gehalten wird, von einem Goldschmied aus Italien oder Byzanz hergestellt worden sein[62]. Beide Goldfibeln trugen auf ihrer durchbrochen gearbeiteten Wand aus Perldrähten und freitragenden

Abb. 29 Auf- und Seitenansichten des goldenen byzantinischen Fingerringes aus Chrovátsky Grob/ČSFR. – Ungarisches Nationalmuseum Budapest. – M = 1:1.

53 E. Garam, Goldschmuck des 7. Jahrhunderts in den Sammlungen des ungarischen Nationalmuseums. Folia Arch. 31, 1980, 168 Abb. 51,1. – Die von E. Garam vorgeschlagene Datierung des als Einzelfund zutage gekommenen Fingerringes in das 7. Jahrhundert erscheint mir nicht ganz überzeugend. Angesichts der Ähnlichkeit seines aus Perldrahtringen und freitragenden Goldkugeln aufgebauten halbkugeligen Kopfes mit den Buckeln auf dem gotländischen Goldbrakteaten von St. Enbjenne (M. Stenberger, Die Schatzfunde Gotlands der Wikingerzeit II [1948] 122 Abb. 59) könnte er auch im frühen 11. Jahrhundert entstanden sein.

54 T. Nagy, Budapest regisegei 14, 1945, 493 ff. – E. Garam, Der mit Grabobolus datierbare Fundkreis der Mittelawarenzeit. Arch. Ért. 105, 1978, 206 ff. Abb. 2,1–3.

55 Schnitzler (Anm. 17) Abb. 23. – L. Grodecki, F. Mütherich, J. Taralon u. F. Wormald, Die Zeit der Ottonen und

Salier (1973) Abb. 289. – Westermann-Angerhausen (Anm. 4) 32 ff. Abb. 13.

56 H. Fillitz, Das Kreuzreliquiar Kaiser Heinrichs II. in der Schatzkammer der Münchner Residenz. Münchner Jahrb. Bildende Kunst 9/10, 1958–59, 15 ff. Abb. 3. – Medding-Alp (Anm. 9) Abb. 49.

57 Fillitz (Anm. 1) 41 Abb. 28.

58 Schulze-Dörrlamm (Anm. 6) Abb. 22.

59 W. Neugebauer, Der Burgwall Alt-Lübeck. Offa 21–22, 1964–65, 242 Taf. 37,7.

60 Westermann-Angerhausen (Anm. 4) 100 ff. – Zur Datierung und Herleitung vgl. Schulze-Dörrlamm (Anm. 6) 36 f.

61 Westermann-Angerhausen (Anm. 49) 7 ff. – Schulze-Dörrlamm (Anm. 6) Abb. 26.

62 Schulze-Dörrlamm (Anm. 6) 46; vgl. auch hier S. 121 mit Anm. 25.

Abb. 30   Detailansicht des Reichskreuzes Kaiser Konrads II., um 1030. – Kunsthistorisches Museum Wien.

Goldkugeln einst dicht aneinandergereihte, aufgefädelte Perlschnüre, wie man sie sonst nur vom Reichskreuz Konrads II. (Taf. E) kennt[63]. Aus diesem Grund, aber auch wegen ihres noch ein wenig »altmodischen« Größenverhältnisses von Fibelzentrum zu Fibelrand[64] können sie in die Regierungszeit Kaiser Konrads II. datiert werden.

Freitragende Goldkugeln verzieren aber auch die Krallenfassung des Mittelsaphirs des Kronenkreuzes (Taf. 11), das stilistisch zwischen den Kronenplatten und dem Reichskreuz einzuordnen ist (vgl. Abb. 82). In den nachfolgenden Jahrzehnten wurden sie durchaus noch gelegentlich als Ziermittel verwendet, etwa bei zwei Perlfassungen des Mainzer Loros (vgl. Abb. 19) und bei einer der vier goldenen Kegelfibeln des in Mainz gefundenen Schatzes der Kaiserin Agnes aus dem mittleren Drittel des 11. Jahrhunderts[65]. Sie schmückten auch noch den Fingerring (Abb. 31) des Bischofs Adalbero III. von

Abb. 31   Auf- und Seitenansicht des goldenen Saphirringes des Bischofs Adalbero III. von Metz (1047–72) aus dem Sarkophag
Kaiser Heinrichs IV. († 1106) in Speyer. – Historisches Museum der Pfalz, Speyer. – M = 2:1.

Abb. 32   Auf- und Seitenansicht eines der Thronbeschläge der Goldenen Madonna in Hildesheim, zweite Hälfte des
11. Jahrhunderts. – Diözesanmuseum Hildesheim.

63 Westermann-Angerhausen (Anm. 5) 31. – Fillitz (Anm. 50) Taf. 4–5.
64 M. Schulze-Dörrlamm, Kreuze mit herzförmigen Armen. Arch. Korrbl. 18, 1988, 411. – Dies. (Anm. 6) 64.
65 von Falke (Anm. 33) Taf. 7,18. – Rosenberg (Anm. 24) Abb. 265. – Schulze-Dörrlamm (Anm. 6) Abb. 10,3; Taf. 12,1.

Abb. 33 Auf- und Seitenansicht der ovalen Goldfibel mit Alsengemme aus der Burgkirche in Alt-Lübeck, spätes 11./frühes 12. Jahrhundert. – Amt für Vor- und Frühgeschichte, Bodendenkmalpflege der Hansestadt Lübeck. – H. 3 cm.

Metz (1047–72) aus dem Sarkophag Kaiser Heinrichs IV. in Speyer[66] sowie die Edelsteinfassungen auf dem Thron der Hildesheimer Madonna, die M. Brandt für bernwardzeitlich hält[67]. Da diese ovalen Edelsteine (Abb. 32) jedoch von einem Bering aus glattem Spiraldraht umgeben sind, der ansonsten nur bei den ovalen Bergkristallfibeln der zweiten Hälfte des 11. und der ersten Hälfte des 12. Jahrhunderts, bei der ovalen Gemmenfibel aus der erst um 1100 erbauten Burgkirche von Alt-Lübeck (Abb. 33)[68] sowie beim Kelch der Doña Urraca vom Ende des 11. Jahrhunderts[69] begegnet, wird man sie ebenfalls in das fortgeschrittene 11. Jahrhundert datieren müssen.

Goldschmiedearbeiten, die sowohl freitragende Goldkugeln als auch dreifingrige Krallenfassungen aufweisen, gab es in Deutschland jedoch nur in der frühen Salierzeit. Diese Elementkombination gehört also zu den entscheidenden Indizien dafür, daß die Platten der Reichskrone noch nicht für Heinrich II., sondern erst für Konrad II. angefertigt wurden. Darüber hinaus lassen die freitragenden Goldkugeln darauf schließen, daß die Kronenplatten ebenso wie die Goldfibeln von Minden und Schleswig oder der Mainzer Loros das Werk eines vermutlich in Italien oder Byzanz beheimateten, zumindest aber eines dort geschulten Goldschmiedes gewesen sind.

e) Edelsteine in einfacher Krallenfassung (Tabelle 1,p)

Die kleinen mugeligen Rubine auf Stirn-, Nacken- und Schläfenplatten des Kronreifs (Taf. 3–6) sitzen alle in einem Perldrahtring und zugleich auf einem Körbchen aus zwei gekreuzten glatten Golddrähten. Von deren umgebogenen Enden, also von je vier einfachen Drahtkrallen, werden sie in ihrer Fassung gehalten.

Diese sehr schlichte Befestigungsweise von Edelsteinen war für byzantinische Goldschmiedearbeiten des frühen und hohen Mittelalters charakteristisch. Sie ist nicht nur durch Originale belegt, wie zum Beispiel

66 Schramm u. Mütherich (Anm. 8) 177 Nr. 166 Taf. 402.

67 M. Brandt, »...und geziehret mit Edelgesteinen«. Zur großen Madonna im Hildesheimer Domschatz. In: Berwardinische Kunst (1988) 208f. Abb. 19. – Ders., Kirchenkunst des Mittelalters. Kat. Hildesheim (1989) 79.

68 Vgl. E. Kivikoski, Die Eisenzeit Finnlands (1973) Nr. 1155. – Dies., Finlands Förhistoria (1964) 242

Abb. 207. – A. W. Mårtensson, Kulturen 1972, 125 ff. Abb. 10. – H. H. Andersen, Lübecker Schriften zur Archäologie des Mittelalters 3, 1980, 47 Taf. 26. – M. Schulze-Dörrlamm, Bemerkungen zu Alter und Funktion der Alsengemmen, Arch. Korrbl. 20, 1990, 217 f. Taf. 30,1.

69 H. Kohlhausen, Europäisches Kunsthandwerk (1969) Abb. 27.

Abb. 34 Das Servatius-Kreuz in Maastricht, zweites Viertel des 11. Jahrhunderts. Schatzkammer der Kathedrale St. Servaas. –
H. 16,2 cm.

einen der Goldarmringe aus dem um 600 vergrabenen Schatz von Assiût in Ägypten[70], sondern auch auf Abbildungen erkennbar. Den Mosaiken in San Vitale zu Ravenna und in der Hagia Sophia zufolge wurden sowohl die Edelsteine im Juwelenkragen der Kaiserin Theodora[71] als auch die Juwelen des Ornats der Kaiserin Zoë (1028–50) und ihres Gemahls (Taf. F)[72] von je vier einfachen Goldkrallen gehalten. Selbst auf dem Seidengemälde des hl. Justus der Kathedrale San Giusto in Triest[73] aus dem 11. Jahrhundert sind solche Krallenfassungen abgebildet.

Im Raum nördlich der Alpen traten einfache Krallenfassungen hingegen auffallend selten und erst recht spät in Erscheinung. Außer auf den Kronenplatten kommen sie nur in der Lunula des Mainzer Loros der Kaiserin Agnes (vgl. Abb. 19) aus dem mittleren Drittel des 11. Jahrhunderts[74] und auf dem Kreuz von St. Servatius in Maastricht (Abb. 34) vor. Dieses wird häufig in das späte 10. Jahrhundert eingestuft[75], könnte nach Meinung A. von Euws allerdings auch im Umkreis des Echternacher Meisters (1020–40) entstanden und in das zweite Viertel des 11. Jahrhunderts datierbar sein[76]. Für diesen späteren Zeitpunkt sprechen vor allem die Zellenschmelzplättchen an den Rändern des Kreuzes. Sie zeigen nämlich – ebenso wie jene auf dem Buchdeckel (Taf. G) des Aribert da Intimiano (vor 1045) und auf dem Jüngeren Mathildenkreuz in Essen (vgl. Taf. C) – ausschließlich geometrische Ornamente. Darin unterscheiden sich diese Werke von Goldschmiedearbeiten des späten 10. bis frühen 11. Jahrhunderts, bei denen Zellenschmelze mit floralen Motiven vorherrschen[77]. Die Zellenschmelze des Servatius-Kreuzes enthalten abwechselnd weiße, gelbe und grüne Diagonalkreuze. Ein ebensolches Schmuckband aus alternierenden, diagonalen Zellenschmelzkreuzchen umzieht den Rand des Kreuzes auf der byzantinischen Staurothek von Esztergom[78], die aufgrund der Ohrringe mit Kreuzanhänger, welche die dargestellte Kaiserin trägt, in die erste Hälfte des 11. Jahrhunderts zu datieren ist. Darüber hinaus kommt dieses Motiv in einigen Miniaturen einer im Jahre 1056 entstandenen griechischen Handschrift vor[78a]. Angesichts dieses deutlichen Einflusses aus der byzantinischen Kunst ist es nicht erstaunlich, daß das Servatius-Kreuz auch Edelsteine aufweist, die von einfachen – typisch byzantinischen – Goldkrallen gehalten werden.

Auf jeden Fall lassen die Edelsteine in einfacher, offener Krallenfassung erkennen, in welch hohem Maße auch der »Meister der Reichskronenplatten« der byzantinischen Goldschmiedekunst verpflichtet war.

[70] W. Dennison, A gold treasure of the late Roman period from Egypt. University of Michigan Studies. Humanistic Ser. 2, Part 2, 1918, 97ff. Taf. 49.

[71] A. Grabar, La peinture byzantine (1953) 64. – E. Coche de la Ferté, L'art de Byzance (1981) Taf. 38.

[72] Th. Whittemore, The mosaics of Hagia Sophia at Istanbul. The Imperial portraits of the South Gallery (1942) 9ff. Taf. III. – Coche de la Ferté (Anm. 71) Farbtaf. 71. – D. Talbot Rice, Kunst aus Byzanz (1959) 24 Taf. XIII.

[73] Talbot Rice (Anm. 72) Nr. 146 Taf. 16.

[74] Schulze-Dörrlamm (Anm. 6) Abb. 84. – von Falke (Anm. 33) Abb. 9. – K. Flügel, Schatzkunst des Mittelalters (1985) Umschlagbild.

[75] H. Swarzenski, Monuments of Romanesque Art (1953) Abb. 51. – Hürkey (Anm. 20) 29f. Abb. 114.

[76] A. von Euw u. H. Westermann-Angerhausen, in: Rhein und Maas. Kat. Köln (1972) 179 Nr. 3.

[77] Dies gilt unter anderem für den Andreas-Tragaltar und für den Codex Aureus von Echternach (Westermann-Angerhausen [Anm. 4] Fig. III–IV), die in der Egbert-Werkstatt (977–993) entstanden, für das um 1006 geschaffene Giselakreuz (Schramm u. Mütherich [Anm. 8] Nr. 143 Taf. 366), für die wiederverwendten Zellenschmelzplatten eines ottonischen Juwelenkragens auf der Essener Pax-Tafel und

auf dem Kreuz der Essener Äbtissin Theophanu (M. Schulze-Dörrlamm, Juwelen der Kaiserin Theophanu. Arch. Korrbl. 19, 1989, 416 Abb. 3 Taf. 52) und für den Uta-Codex aus der Zeit um 1020 (Steenbock [Anm. 32] Nr. 59. – F. Mütherich u. K. Dachs, Regensburger Buchmalerei. Kat. München [1987] Nr. 17 Taf. 9).

[78] K. Wessel, Die byzantinische Emailkunst vom 5. bis 13. Jahrhundert (1967) Nr. 49. – M. Schulze-Dörrlamm, Der Mainzer Schatz der Kaiserin Agnes (1991) Abb. 78. – Die Zellenschmelze des Trierer Nagelreliquiars sollten keinesfalls zur Datierung des Servatius-Kreuzes herangezogen werden. Zwar gilt das Nagelreliquiar heute allgemein als eine Arbeit der Egbert-Werkstatt (Westermann-Angerhausen [Anm. 4] Abb. 13. – Schnitzler [Anm. 17] Abb. 13), doch dürfte es angesichts der blüten- und halbpalmettenförmigen Fassungen mit Glaseinlagen sowie der Zierstreifen aus alternierenden runden und rautenförmigen Zellen bereits in karolingischer Zeit entstanden sein. Zu den karolingischen Parallelen vgl. D. Gaborit-Chopin, L'orfèvrerie cloisonnée à l'époque carolingienne. Cahiers Arch. 29, 1980–81, 5ff. Abb. 6–8; 20.

[78a] J. Spatharakis, Corpus of dated illustrated Greek manuscripts (1981) Nr. 64 Abb. 115; 118.

2. Schmuckformen aus Gold

a) Goldkügelchen im Perldrahtring (Tabelle 1,a)

Nur bei den größten Edelsteinen der Stirn- und Nackenplatte sind die freitragenden Goldkugeln der Fassungen zusätzlich mit einem Perldrahtring versehen (Taf. 3–4). Für derartig verzierte, freitragende Goldkugeln gibt es bislang keine Parallelen.

Generell waren aber Goldkügelchen mit einem Perldrahtring als Verzierungselemente von Gold- und Silberarbeiten jahrhundertelang sehr beliebt. Von den erhaltenen Werken des 9. Jahrhunderts weisen unter anderem der Goldaltar des Volvinus in Mailand (824–835)[79], die zeitgleiche Goldscheibenfibel aus Volterra[80], der Codex Aureus von St. Emmeram aus der Zeit um 870[81] oder auch der Psalter Karls des Kahlen[82] schon solche Kügelchen auf. Frauenschmuck des 10. Jahrhunderts wurde sogar besonders oft mit ihnen verziert, wie etwa die Anhänger aus dem gegen Mitte des 10. Jahrhunderts vergrabenen Schatz von Terslev, die Kreuzscheibenfibel aus Frauengrab 54A von Thumby-Bienebek (Abb. 35) oder die Terslev-Fibel aus dem um 1000 versteckten Schatz von Hiddensee[83]. Auf den erhaltenen Goldschmiedearbeiten aus der Zeit Kaiser Heinrichs II. kommen diese Goldkügelchen zwar nicht vor, dafür aber wieder auf dem Kreuz der Reichskrone (Taf. 11), den beiden Terslev-Fibeln aus den nach 1025/30 vergrabenen Schätzen von Digrans und Kännungs (vgl. Abb. 68–69)[84], auf dem Reliquiar mit der Krone in Stockholm[85], der Lunula des Loros (vgl. Abb. 19) aus dem Mainzer Schatz der Kaiserin Agnes[86], auf

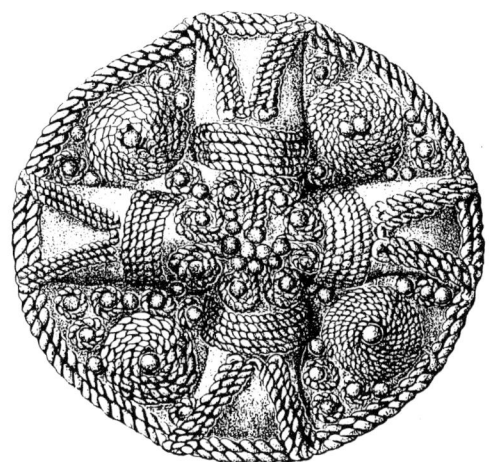

Abb. 35   Silberne Kreuzscheibenfibel aus Grab 54A von Thumby-Bienebek, 10. Jahrhundert (nach Müller-Wille). – M = 2:1.

79 Hubert, Porcher u. Volbach (Anm. 39) Abb. 188.

80 Eine Datierung dieser Goldscheibenfibel in die Merowingerzeit (O. von Hessen, Secondo contributo alla archeologia longobarda in Toscana [1975] 84 f. Taf. 18,7) ist nicht haltbar, aber wohl auch nicht ihre Einstufung in ottonische Zeit (H. Vierck, in: Archäologische und naturwissenschaftliche Untersuchungen an Siedlungen im deutschen Küstengebiet 2. Handelsplätze des frühen und hohen Mittelalters [1984] Abb. 189,7).

81 Rosenberg (Anm. 24) Abb. 239.

82 Steenbock (Anm. 32) Nr. 19 Abb. 31.

83 Terslev: K. Frijs Johansen, Sølvskatten fra Terslev. Aarbøger 1912, 189 ff. Abb. 15 Taf. II. – Thumby-Bienebek: M. Müller-Wille, Das wikingerzeitliche Gräberfeld von Thumby-Bienebek (Kr. Rendsburg-Eckernförde) II. Offa-Bücher 62 (1987) Taf. 90,9. – Hiddensee: J. Herrmann u. P. Donat (Hg.), Corpus archäologischer Quellen zur Frühgeschichte auf dem Gebiet der Deutschen Demokratischen Republik 3 (1979) Nr. 41/221.

84 M. Stenberger, Die Schatzfunde Gotlands der Wikingerzeit II (1947) 115 ff. 210 Textabb. 44 und Abb. 190,1; 207,2.

85 A. Weixlgärtner, Das Reliquiar mit der Krone im Staatlichen Historischen Museum zu Stockholm. Kungl. Vitterhets Hist. och Antiqvitets Akad. Handlingar, Antikv. Ser. 1, 1954, 11 ff. Abb. 31–44.

86 von Falke (Anm. 33) Abb. 9. – Schulze-Dörrlamm (Anm. 6) Abb. 84.

Abb. 36 Vorderdeckel des Lindauer Evangeliars, um 870. – Pierpont Morgan Library, New York. – H. 34 cm.

Abb. 37   Goldeinband eines Evangeliars Kaiser Ottos III., um 1000. – Bayerische Staatsbibliothek München Clm 4453. –
H. 34,7 cm.

Abb. 38 Schrägansicht des Tragaltares Kaiser Heinrichs II., 1014–24. – Schatzkammer der Münchner Residenz.

dem Tragaltar der Gräfin Gertrud im Welfenschatz aus der Zeit um 1045[87] und schließlich auch noch auf dem Kreuz der Adelheid von Ungarn (1077–1108)[88]. Aufgrund ihrer »Langlebigkeit« eignen sich die Goldkügelchen im Perldrahtring also nicht für eine Feindatierung der Kronenplatten.

b) Goldblechröhrchen mit Kugelpyramide (Tabelle 1,b)

Zwischen den Perlen und Edelsteinen der Kronenplatten stehen einzelne Goldblechröhrchen mit einer Pyramide aus vier Goldkugeln. Sie haben keine echten Parallelen und gehören somit zu dem besonderen Kennzeichen jenes Goldschmieds, der den Kronreif geschaffen hat. Ein wenig ähneln sie immerhin den Goldblechröhrchen auf dem Vorderdeckel des Lindauer Evangeliars (Abb. 36) aus der Zeit um 870[89].

87 P. M. de Winter, Der Welfenschatz, Zeugnis sakraler Kunst des Deutschen Mittelalters (1986) 33 ff. – M. Gosebruch, Die Braunschweigische Gertrudiswerkstatt – zur spätottonischen Goldschmiedekunst in Sachsen. Niederdt. Beitr. Kunstgesch. 18, 1979, 28 ff. Abb. 10–13.

88 H. Fillitz, Das Adelheid-Kreuz aus St. Blasien. In: Das tausendjährige St. Blasien, zweihundertjähriges Domjubiläum. Kat. St. Blasien (1983) 213 ff. Abb. 67–68.
89 Steenbock (Anm. 32) Nr. 21 Abb. 33. – Swarzenski (Anm. 75) Abb. 22–23.

Abb. 39   Detailansicht des Reichskreuzes Kaiser Konrads II., um 1030. – Kunsthistorisches Museum, Wien.

Diese tragen freilich nur eine sehr kleine Kugelpyramide und sind zudem am oberen Rand mit einem Perldraht beringt, der den Goldblechröhrchen auf den Kronenplatten fehlt.

Die Kugelpyramiden auf den erhaltenen Goldschmiedearbeiten der spätottonischen und salischen Zeit werden hingegen alle von einer Gruppe aus drei bis vier Goldblechröhrchen getragen, so wie beim Codex latinus Monacensis 4453 (Abb. 37) aus der Zeit Kaiser Ottos III.[90], beim Tragaltar (Abb. 38) Kaiser Heinrichs II. (1014–24))[91], beim Reichskreuz Konrads II. (Abb. 39)[92] und bei dem etwa zeitgleichen Löwenring aus dem Mainzer Schatz der Kaiserin Agnes[93]. Zu den jüngsten Beispielen gehören jene Gruppen von Goldblechröhrchen mit einer Kugelpyramide, die die Ecken des kleinen Goldkreuzes auf dem oberen Stamm des Osnabrücker Kapitelskreuzes (Taf. L) aus der Zeit um 1070[94] umstehen.

Da die Goldblechröhrchen mit Kugelpyramide – von ihren karolingerzeitlichen Vorläufern abgesehen – keine echten Parallelen besitzen, kommen sie als Datierungskriterien für den Kronreif nicht in Betracht.

c) Ranken mit Kolbenblüte (Tabelle 1,f)

Den Goldgrund der Schauseiten des Kronreifs bedecken aufgelötete Ranken aus Perl- und Filigrandraht, die zumeist sehr klein und fragmentarisch sind, sich gelegentlich aber auch einmal in zwei Äste spalten, aus denen eine Kolbenblüte heraussprießt. Diese Ranken besitzen im Gegensatz zu den Perldrahtranken auf der Rückseite der Kronenplatten keine Klammern.

Ranken mit einer Kolbenblüte waren über einen sehr langen Zeitraum hinweg gebräuchlich. Man findet sie schon auf Kelch und Patene des hl. Gauzelin aus dem mittleren 10. Jahrhundert[95] und auf dem Stab der hl. Austreberthe[96] aus dem frühen 11. Jahrhundert, auf dem Tragaltar (Abb. 38) Kaiser Heinrichs II. (1014–24)[97], auf dem Kreuz der Reichskrone (Taf. 11) sowie an vereinzelten Stellen des Reichskreuzes Konrads II.[98] Sie schmücken aber auch das Kreuz von Gandersheim aus der Zeit um 1070[99], das Evangeliar der Judith von Flandern[100] und schließlich noch die Vorderseite des um 1100 geschaffenen Dionysius-Kreuzes von Enger (Abb. 40)[101]. Rückschlüsse auf die Entstehungszeit der Kronenplatten lassen diese Ranken also nicht zu.

Daß Ranken mit einer Kolbenblüte keineswegs nur zum Repertoire der deutschen, sondern auch der italienischen und byzantinischen Goldschmiede gehörten, zeigen der Einband des Aribert da Intimiano (Taf. G) aus der Zeit vor 1045[102], das Evangeliar von Vercelli aus dem dritten Viertel des 11. Jahrhunderts[103], die Rückseite des in Italien entstandenen Welfenkreuzes[104] und das ungarische Krönungszepter[105]. Dieses ist wegen der Pendilien aus goldenen Ringketten und des ganz engen Wellenbandes auf dem Goldblechdeckel ebenfalls als das Werk eines Goldschmieds aus dem Mittelmeerraum anzusehen[106].

90 Steenbock (Anm. 32) Nr. 43 Abb. 61. – Schramm u. Mütherich (Anm. 8) Nr. 108 Taf. 321. – Dachs u. Klemm (Anm. 33) 54 Nr. 17.
91 Fillitz (Anm. 1) Abb. 19. – Ders. (Anm. 56) 15 ff. Abb. 3. – Schramm u. Mütherich (Anm. 8) Nr. 134 Taf. 353.
92 Fillitz (Anm. 50) Taf. 6.
93 Schulze-Dörrlamm (Anm. 6) Abb. 54. – H. Battke, Die Ringsammlung des Berliner Schloßmuseums (1938) 65 Taf. 4,44.
94 Westermann-Angerhausen (Anm. 46) 187 Abb. 12–14. – Hürkey (Anm. 20) Nr. 246 Abb. 246.
95 Swarzenski (Anm. 75) 24 Abb. 53–54.
96 Grodecki, Mütherich, Taralon u. Wormald (Anm. 55) Abb. 282.
97 Vgl. Anm. 66.
98 Diese Ranken finden sich vor allem in der quadratischen Erweiterung des rechten Kreuzarmes.

99 H. Appuhn, Beiträge zur Geschichte des Herrschersitzes im Mittelalter, II. Teil: Der sogenannte Krodo-Altar und der Kaiserstuhl in Goslar. Aachener Kunstbl. 54/55, 1986/87, 77f. Abb. 15–16. – Arenhövel (Anm. 11) Abb. 155,3.
100 Steenbock (Anm. 32) Nr. 76 Abb. 104.
101 E. Brepohl, Theophilus Presbyter und die mittelalterliche Goldschmiedekunst (1987) Abb. 56.2.
102 Steenbock (Anm. 32) Nr. 57 Abb. 80.
103 M. M. Gauthier, Emaux du Moyen Age occidental (1972) Abb. 28. – Steenbock (Anm. 32) Nr. 91 Abb. 126.
104 D. Kötzsche, Der Welfenschatz (1973) 17 ff. Taf. I–II.
105 E. Kovács u. Zs. Lovag, Die ungarischen Krönungsinsignien (1988) 94 ff. – J. Deér, Die Heilige Krone Ungarns (1966) Abb. 365.
106 Schulze-Dörrlamm (Anm. 6) 102 ff.

Abb. 40   Vorderseite des Dionysius-Kreuzes aus Enger, um 1100. – Berlin (West), Staatliche Museen Preußischer Kulturbesitz, Kunstgewerbemuseum. – H. 22,1 cm.

67

d) Aufgestiftete Perlen mit Kugelpyramide (Tabelle 1,m)

Ober- und unterhalb des rechteckigen Smaragdes im Zentrum der beiden Schläfenplatten befinden sich je drei aufgestiftete Perlen, die eine Pyramide aus Goldkügelchen tragen (Taf. 5–6). Derartig verzierte Perlen sind auf hochmittelalterlichen Goldschmiedearbeiten nur sehr selten nachweisbar. Sie schmückten eine kleine goldene Pyramidenfibel, die in der Nähe von Mainz gefunden wurde und aus dem ausgehenden 10. oder frühen 11. Jahrhundert stammt (Abb. 41)[107], einen byzantinischen Goldohrring des 11./12. Jahrhunderts aus Esztergom[108] und die Querarme des angeblich erst im 12. Jahrhundert entstandenen Reliquienkreuzes im Münsteraner Domschatz[109]. Sie bilden außerdem den Außenrand einer ovalen Goldfibel aus Rheinhessen, die sich in der ehemaligen Sammlung Hervey/Budapest befunden hat (Abb. 42)[110]. Diese Fibel wurde von H. Westermann-Angerhausen in die Zeit Ottos I. bis Ottos III. datiert[111], wohl wegen ihrer großen Ähnlichkeit mit den beiden Schmuckscheiben auf dem Stamm des um 1070 entstandenen Osnabrücker Kapitelkreuzes (Abb. 43; Taf. L)[112], die H. Rademacher für ottonisch gehalten hatte[113]. Daß jedoch weder die Zierscheiben in Osnabrück noch die Ovalfibel aus Rheinhessen »ottonisch«, sondern frühestens in das späte 11. Jahrhundert zu datieren sind, zeigt eine Analyse ihrer Form. Bei allen drei Schmuckstücken sitzt ein ovaler mugeliger Edelstein in einer breiten, teils gemuldeten Goldblechzarge und ist von einem inneren Ring aus hohlen, gepreßten Goldblech-

Abb. 41   Schrägansicht einer goldenen, ursprünglich mit aufgestifteten Perlen verzierten Pyramidenfibel aus der Nähe von Mainz, spätes 10. bis frühes 11. Jahrhundert (nach Henkel). – M = 1:1.

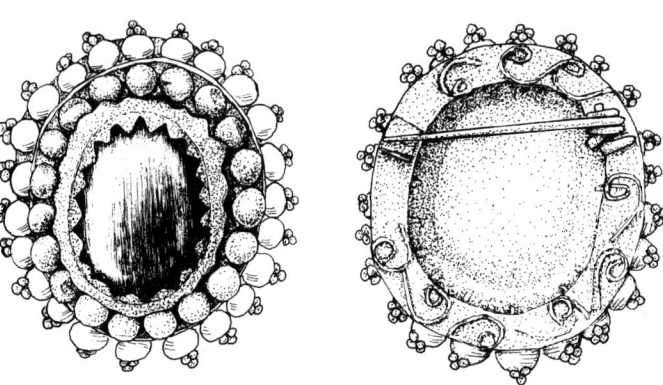

Abb. 42   Vorder- und Rückseite einer goldenen Ovalfibel des späten 11. bis frühen 12. Jahrhunderts aus Rheinhessen (ehemalige Sammlung Hervey, Budapest; umgezeichnet nach Rosenberg). – M = 1:1.

107 F. Henkel, Der Lorscher Ring. Westdt. Zeitschr. 15, 1986, 198 ff. Abb. 4. – M. Schulze-Dörrlamm, Kreuze mit herzförmigen Armen. Arch. Korrbl. 18, 1988, 410 Abb. 4.

108 E. Nagy, Rapport préliminaire des fouilles d'Esztergom 1964–1969. Acta Arch. Hung. 23, 1971, 188 f. Taf. 27. – E. Kovács, Romanische Goldschmiedekunst in Ungarn (1974) Taf. 12.

109 W. Rave (Hg.), Bau- und Kunstdenkmäler von Westfalen 41. Die Stadt Münster, 3. Teil, Der Dom, bearb. von M. Geisberg (1937) 394 Abb. 1641. – P. Pieper, Der Domschatz in Münster (1981) Nr. 2. – G. Jászai, Dom und Domschatzkammer in Münster (1981). – P. Springer, Kreuzfüße. Bronzegeräte des Mittelalters 3 (1981) Abb. 80. – A. Legner, A. u. I. Hirmer, Deutsche Kunst der Romanik (1982) Abb. 342.

110 Rosenberg (Anm. 24) 141 Abb. 249–251.

111 Westermann-Angerhausen (Anm. 5) 25. 34 Nr. 2.

112 Westermann-Angerhausen (Anm. 46) 187 f. Abb. 12–14. – Ornamenta Ecclesiae. Kat. Köln 3 (1985) 103 ff. H. 27. – Borchers (Anm. 46) Taf. 8.

113 F. Rademacher, Zwei ottonische Goldfibeln. Festschr. A. Oxé (1938) 274.

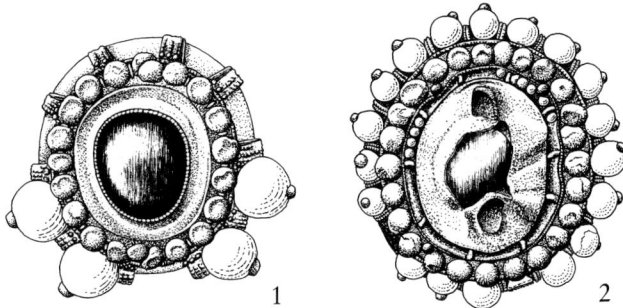

Abb. 43   Zwei goldene Zierscheiben des späten 11. oder frühen 12. Jahrhunderts auf dem Stamm des Osnabrücker Kapitelkreuzes von 1070. – Domschatz Osnabrück. – M = 1:1.

Abb. 44   Goldener Kolt mit Emaileinlage und Perlschmuck aus einem Grab beim Altar der Boris- und Gleb-Kirche in Tschernigow, 12. Jahrhundert. – Ermitage Leningrad. – Br. 5 cm.

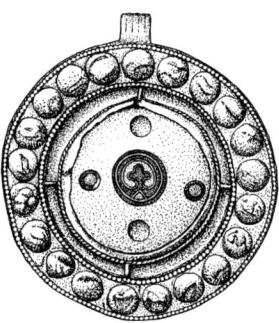

Abb. 45   Goldmedaillon mit Emaileinlagen und verlorenem Perlschmuck aus Italien, spätes 11./12. Jahrhundert. – Verbleib unbekannt. – M = 1:1.

buckeln und einem äußeren Ring aus aufgestifteten Perlen umgeben. Bei einer der beiden Osnabrücker Zierscheiben (Abb. 43,2) verläuft zwischen dem Edelstein und den Goldblechbuckeln zusätzlich noch ein Band aus aufgefädelten kleinen Perlen. Diese Art der mehrzonigen Randgestaltung, vor allem die Kombination von aufgefädelten Perlen mit hohlen Goldblechbuckeln, war im 10. Jahrhundert noch nicht üblich. Sie findet sich erst bei russischen Kolts des 12. Jahrhunderts (Abb. 44) sowie bei einer goldenen Schmuckscheibe des 11. Jahrhunderts aus Sentinskij im Kaukasus[114] und bei einem Schmuck-

114 Vgl. unter anderem die Ohrringpaare von Tschernigow (K. Benda, Mittelalterlicher Schmuck [1966] Taf. 85) und Kiew (M. K. Karger, Drevnij Kiev 1 [1958] Taf. 68. – 1000 Jahre russische Kunst. Kat. Schleswig [1988] Nr. 256). – Zum Schmuckstück aus Sentinskij: Arch. Okrytija 1976 (1977) 111.

69

anhänger mit gewölbter Senkschmelzscheibe des 11./12. Jahrhunderts aus Italien (Abb. 45)[115]. Daß die Ovalfibel aus Rheinhessen frühestens im späten 11. Jahrhundert entstanden sein kann, beweist aber auch die breite Goldblechzarge mit gezackter Unterkante (Abb. 42), in der ihr Edelstein sitzt. Diese gleicht nämlich der breiten Zarge mit gelapptem Rand auf einem Schmuckanhänger des 12. Jahrhunderts aus dem (1822 gefundenen) Schatz von Staraja Rjazan[116]. Diese Parallelen zeigen insgesamt, daß Gestalt und Verzierung[117] der Fibel sowie der beiden Schmuckscheiben auf dem Stamm des Osnabrücker Kapitel-kreuzes stark von byzantinischen Vorbildern geprägt worden sind.

Auf jeden Fall kann die Ovalfibel aus Rheinhessen mit ihrem Rand aus aufgestifteten Perlen mit goldenen Kugelpyramiden nicht als Beweis für das vermeintlich »ottonische« Alter der Reichskronen-Platten angeführt werden.

e) Kreuz mit Kugelpyramide (Tabelle 1,n)

Den großen tropfenförmigen Edelstein in der Mitte der Stirn- und Nackenplatte umstehen kleine Kreuze aus vier zusammengelöteten glatten Golddrahtringen, die jeweils eine Pyramide aus vier Goldkügelchen tragen (Taf. 3–4). Ebenso wie die Goldblechröhrchen mit Kugelpyramide gehören sie zu den Kennzei-chen des »Meisters der Kronenplatten« und besitzen keine echten Parallelen. Dennoch fügen sie sich recht gut in das Repertoire jener Schmuckformen ein, welche die Goldschmiede während der ersten Hälfte des 11. Jahrhunderts bevorzugten.

Immerhin ähneln sie den Kreuzen aus vier Golddrahtringen auf den Breitfassungen des Heinrichspor-tatiles (1014–24), die zwar keine Kugelpyramide, dafür aber ein kleines Goldkügelchen tragen (Taf. D)[118]. Vergleichbar sind auch die aus kleinen Golddrahtringen zusammengelöteten Dreibeine mit einem Goldkügelchen auf dem Heinrichskreuz in Basel aus der Zeit um 1020[119] und auf der Krone der Goldenen Madonna in Essen (Abb. 46). Diese gilt zwar heute allgemein als Kinderkrone Ottos III.[120], kann aber wegen der Edelsteine in offenen Schlaufenfassungen, der gezähnten Zargenfassungen und der Kleeblattfassungen, welche bei sicher datierten ottonischen Arbeiten allesamt noch nicht nachweisbar sind, in das mittlere 11. Jahrhundert datiert werden (s. S. 40). Die jüngsten Dreibeine dieser Art finden sich vereinzelt auf dem Essener Kreuz mit Senkschmelzplatten (Taf. H)[121], das angesichts der geome-trisch verzierten Senkschmelze in gezähnten Zargenfassungen, der Ranken mit geklammerten Stengel-blüten, der von einem Wellenband umringten kleinen Edelsteine auf den Kreuzarmen und der punzverzierten Rückseite ebenfalls in das mittlere 11. Jahrhundert einzustufen ist (s. S. 43).

3. Die Anordnung von Perlen und Edelsteinen

Die Stirn- und die Nackenplatte des Kronreifs tragen ein rechteckiges Gitternetz aus Edelsteinen und Perlen[122], das an die streng geometrische Edelsteinanordnung byzantinischer Kaiserinsignien erinnert. Es ähnelt besonders dem Loros und dem Maniakion von Kaiser Romanos III. Argyros (1028–34), der

115 Unpubliziert, Bildarchiv des RGZM, Mainz.
116 A. R. Mongajt, Staraja Rjazan. Materialy Moskva-Lenin-grad 49 (1955) Abb. 108.
117 Daß auch die Mode, Perlen mit einer aufgestifteten Kugelpyramide zu verzieren, orientalischer Herkunft ist, belegen u. a. islamische Ohrringe des 11. bis 12. Jahrhun-derts n. Chr. (Auktionskatalog Frank Steinberg »Antike Münzen«, Zürich [1989] Taf. 29, 717. – R. Hasson, Early Islamic jewellery [1987] 32 Nr. 24. – M. Jenkins u. M. Keene, Islamic Jewelry [1982] 46 Nr. 20b).
118 Fillitz (Anm. 56) 15ff. – Die Schatzkammer der Residenz München (3. Aufl. 1970) 41 ff. Nr. 9. – Medding-Alp (Anm. 9) Abb. 49. – Grodecki, Mütherich, Taralon u. Wormald (Anm. 55) Abb. 281.

119 H. Reinhardt, Das Heinrichskreuz aus dem Münster-schatz. Jahrb. Hist. Mus. Basel 1972 (1976) 35ff. Abb. S. 43. – Jülich (Anm. 19) 170ff.
120 von Falke (Anm. 33) Abb. 26. – Küppers u. Mikat (Anm. 7) Taf. 99. – Fillitz (Anm. 1) 37 Abb. 21. – P. E. Schramm (Hg.), Herrschaftszeichen und Staatssymbolik 2 (1955) 415 Abb. 5. – Schramm u. Mütherich (Anm. 8) Nr. 81 Taf. 296.
121 Küppers u. Mikat (Anm. 7) 41ff. Taf. 10. – Fillitz (Anm. 1) Abb. 22. – Schnitzler (Anm. 17) Abb. 147.
122 Dazu ausführlich Decker-Hauff (Anm. 2) 566ff. Abb. 17.

Abb. 46   Die goldene Krone der Goldenen Madonna in Essen, mittleres 11. Jahrhundert. – Münsterschatz Essen. – Dm. 12,5 cm.

neben seiner Gemahlin – Kaiserin Zoë – auf einem Mosaik in der Hagia Sophia dargestellt war, dessen Kopf aber nachträglich durch den des Kaisers Konstantin Monomachos ersetzt wurde (Taf. F)[123]. Daß der byzantinische Loros (vgl. Abb. 19) aus dem Mainzer Schatz der Kaiserin Agnes mit seinem gitterförmigen Netzwerk aus Perlen, Gemmen und Edelsteinen[124] zu den besten erhaltenen Parallelen der Kronenplatten zählt, ist daher nicht erstaunlich.

a) Edelsteine, an vier Ecken von Perlen umstellt (Tabelle 1,d)

Aus der Tatsache, daß die Edelsteine der Kronenplatten an den Ecken von vier Perlen umstellt sind, und zwar so, daß »die Perlen über einem Stein schon die Fußperlen des nächsthöheren bilden«, haben H. Fillitz[125] und H. Decker-Hauff[126] geschlossen, daß der Kronreif schon in ottonischer Zeit entstanden sein müsse. Sie begründeten diese Ansicht mit dem Hinweis auf die ähnliche Anordnung der Perlen und Edelsteine beim Älteren Mathildenkreuz (Taf. A) in Essen (973–982)[127] sowie beim Jüngeren Mathildenkreuz (Taf. C)[128] und beim Essener Kreuz mit Senkschmelzplatten (Taf. H)[129], die sie ebenfalls für Werke aus ottonischer Zeit hielten, die aber erst später entstanden sind (vgl. dazu S. 40 f.).

123 Talbot Rice (Anm. 72) 24 Farbtaf. XIII. – Coche de la Ferté (Anm. 71) Abb. 71 und 253. – Whittemore (Anm. 72) 9 ff.
124 von Falke (Anm. 33) Taf. 3. – Schulze-Dörrlamm (Anm. 6) Abb. 83.
125 Fillitz (Anm. 1) 34.
126 Decker-Hauff (Anm. 2) 573.

127 Küppers u. Mikat (Anm. 7) Taf. 5. – Schnitzler (Anm. 17) Abb. 143. – Medding-Alp. (Anm. 9) Abb. 34. – Jülich (Anm. 19) 187 ff. Abb. 29–30.
128 Küppers u. Mikat (Anm. 7) Taf. 13. – Schnitzler (Anm. 17) Abb. 151. – Jülich (Anm. 19) 191 Abb. 32.
129 Küppers u. Mikat (Anm. 7) Taf. 10. – Schnitzler (Anm. 17) Abb. 147. – Jülich (Anm. 19) 190 Abb. 31.

Schon 1956 hat dann aber H. Fillitz eingeräumt, daß gerade diese Art der Gruppierung von Perlen und Edelsteinen überaus langlebig, nämlich von der Spätantike bis weit in das hohe Mittelalter hinein nahezu lückenlos zu belegen ist [130]. Wie wenig sie sich für eine Datierung der Kronenplatten eignet, zeigt auch ein Blick auf die in Tabelle 1,d eingetragenen Befunde.

b) Edelsteine, kreuzförmig von Perlen umstellt (Tabelle 1,e)

Die Edelsteine in der untersten Reihe der Schläfenplatten sind von je vier kleinen Perlen kreuzförmig umstellt (Taf. 5–6). Auch diese Form der Anordnung von Perlen und Edelsteinen haben die Goldschmiede des Mittelalters immer wieder und nicht nur in einer bestimmten kurzen Zeitspanne gewählt. Man findet sie schon auf dem Codex Aureus von St. Emmeram aus der Zeit um 870 [131], dann wieder auf dem Codex latinus Monacensis 4454 (vgl. Abb. 17) aus dem frühen 11. Jahrhundert [132] und auf den Breitfassungen (Abb. 38, Taf. D) des Heinrichsportatiles (1014–24) [133], auf dem Kreuz der Reichskrone (Taf. 11), auf dem um 1030 geschaffenen, aber nicht erhaltenen Kölner Kapitelkreuz (Abb. 47) [134] und schließlich noch auf dem Kreuz der Adelheid von Ungarn (1077–1108) [135].

Abb. 47   Ansicht des Kölner Kapitelkreuzes aus dem Jahre 1030 auf einem Wallfahrtsbild von Löffler, 1671. – Schnütgenmuseum Köln No. M 678.

130 H. Fillitz, Die Edelsteinanordnung auf der Reichskrone und ihre Beziehung zur Spätantike. Österr. Zeitschr. f. Kunst u. Denkmalpfl. 10, 1956, 43f.
131 Steenbock (Anm. 32) Nr. 20 Abb. 32.
132 Steenbock (Anm. 32) Nr. 47 Abb. 64. – Schramm-Mütherich (Anm. 8) Nr. 112 Taf. 330. – Dachs u. Klemm (Anm. 32) 58 Nr. 18.
133 Schramm u. Mütherich (Anm. 8) Nr. 134 Taf. 353. –

Grodecki, Mütherich, Taralon u. Wormald (Anm. 55) Abb. 281.
134 H. E. Adler, Das Grabmal der Heiligen Drei Könige im Reisebericht des Humanisten Thomas Coryate von 1608. Kölner Dombl. 30, 1969, 15ff. Abb. 2b. – Rhein und Maas. Kat. Köln (1972) 141 Nr. VIIIk.
135 Fillitz (Anm. 88) 213ff. Abb. 67–68. – Ders. u. M. Pippal, Schatzkunst (1987) Nr. 112 Abb. 112,1–7.

Immerhin läßt sich aber die Entstehungszeit von Goldschmiedearbeiten, bei denen – wie bei den Kronenplatten – Edelsteine sowohl an den Ecken als auch kreuzförmig von Perlen umstellt sind, doch stärker eingrenzen. Diese Kombination kommt noch nicht bei Werken des 10. Jahrhunderts, sondern erst bei solchen vor, die im Laufe des 11. Jahrhunderts entstanden sind (vgl. Tabelle 1,d–e). Sie zählt also zu jenen Indizien, die gegen das vermeintlich ottonische Alter des Kronreifs sprechen.

Abb. 48 Abbildung des Deckels zur byzantinischen Staurothek der Heilig-Kreuz-Kirche in Donauwörth, vor 1029 (nach Swineköper).

Abb. 49   Goldener Deckel des Evangeliars von Helmarshausen, um 1100. – Domschatz Trier. – H. 32,7 cm.

Abb. 50   Deckel des Codex Aureus von Freckenhorst, um 1100. Westfälisches Landesmuseum Münster. – H. 22,6 cm.

c) Diagnonalkreuz aus tropfenförmigen Edelsteinen (Tabelle 1,i)

Der quadratische Smaragd im Zentrum der beiden Schläfenplatten ist Mittelpunkt eines Diagonalkreuzes aus mugeligen, tropfenförmigen Rubinen, deren Spitzen nach außen zeigen (Taf. 5–6).

Diagonalkreuze aus tropfenförmigen Edelsteinen, die nicht nach außen, sondern nach innen weisen, kommen bei deutschen Goldschmiedearbeiten schon im späten 10. Jahrhundert vor, etwa beim Codex Aureus von Echternach aus der Trierer Egbert-Werkstatt (977–993)[136] und auf dem Buchdeckel des Christusknaben der Essener Madonna aus der Zeit um 1000[137], aber auch noch auf dem Jüngeren Mathildenkreuz in Essen[138] aus der zweiten Hälfte des 11. Jahrhunderts.

Dagegen sind jedoch tropfenförmige Diagonalkreuze mit nach außen zeigenden Spitzen in Deutschland erst erstaunlich spät nachweisbar. Sie finden sich auf dem Deckel der byzantinischen Staurothek, die um 1029 als kaiserliches Geschenk aus Byzanz nach Donauwörth gelangte (Abb. 48)[139], auf dem Grafschafter Kreuz des Anno von Köln aus der Zeit vor 1075[140] und schließlich auf den um 1100 entstandenen Evangeliaren von Helmarshausen (Abb. 49) und Freckenhorst (Abb. 50)[141]. Wahrscheinlich ist dieses Motiv erst im Laufe der ersten Hälfte des 11. Jahrhunderts aus der byzantinischen Goldschmiedekunst übernommen worden, wo es – wie die Goldplatte einer Votiv-Krone (Abb. 51) des 7. Jahrhunderts[142] und ein gegen Ende des 10. oder zu Beginn des 11. Jahrhunderts entstandener Kelch im Schatz von San Marco zeigen[143] – schon seit alters her gebräuchlich war.

Auch die Diagonalkreuze mit nach außen zeigenden Spitzen zählen zu den Ornamenten, die einer Datierung des Kronreifs in ottonische Zeit entgegenstehen.

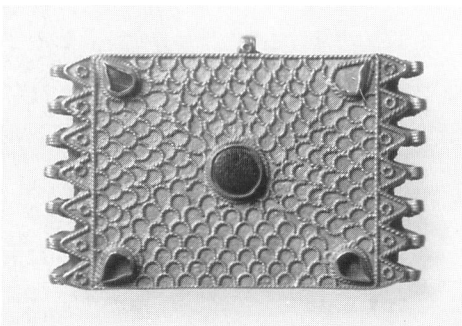

Abb. 51   Vorder- und Rückseite der Goldplatte einer mediterranen Votivkrone des 7. Jahrhunderts mit blauen und roten Glaseinlagen. – Römisch-Germanisches Zentralmuseum Mainz O. 34868. – M = 1:1.

136 Steenbock (Anm. 32) Nr. 42 Abb. 60. – Westermann-Angerhausen (Anm. 55) Abb. 23.

137 Wesenberg (Anm. 20) Abb. 10. – Schnitzler (Anm. 17) Abb. 130–131.

138 Küppers u. Mikat (Anm. 7) Taf. 13.

139 F. Schneider, Zur Altersbestimmung des Kreuz-Reliquiars in der Gruft der Heilig-Kreuz-Kirche in Donauwörth. Mitt. Hist. Ver. Donauwörth 2, 1905, 45 ff. – Suevia Sacra. Kat. Augsburg (1973) 136 Nr. 118. – B. Swineköper, Christus-Reliquien-Verehrung und Politik. Bl. f. dt. Landesgesch. 117, 1981, 224 ff. Taf. 4.

140 A. von Euw, Grafschaft. In: Monumenta Annonis. Kat. Köln (1975) 183, D23.

141 Helmarshausen: Steenbock (Anm. 32) Nr. 79 Abb. 107. – A. Legner, A. u. I. Hirmer, Deutsche Kunst der Romanik (1982) 443 Nr. C 20. – Freckenhorst: Steenbock

(Anm. 32) Nr. 82 Abb. 112. – G. Jászai, Der Prachtdeckel vom »Goldenen Buch« aus Freckenhorst. In: Kirche und Stift Freckenhorst (1978) 193 ff.

142 Unpubliziert, Römisch-Germanisches Zentralmuseum Mainz, Inv. Nr. O.34868. – Für eine Datierung in das 7. Jahrhundert spricht die Ähnlichkeit der Filigrandraht-Schuppen mit jenen auf einem italienischen Ohrringpaar aus dem Moselmündungsgebiet (unpubliziert, Museum Wiesbaden) und mit denen auf einer Goldscheibenfibel aus Charnay (H. Baudot, Mémoires de la Commission des antiquités du département de la Côte-d'Or 5 [1857–60] Taf. 13,4).

143 M. E. Frazer, Byzantinische Email- und Goldschmiedearbeiten. In: H. Hellenkemper (Hg.), Der Schatz von San Marco in Venedig. Kat. Köln (1984) 173 ff. Nr. 16a.

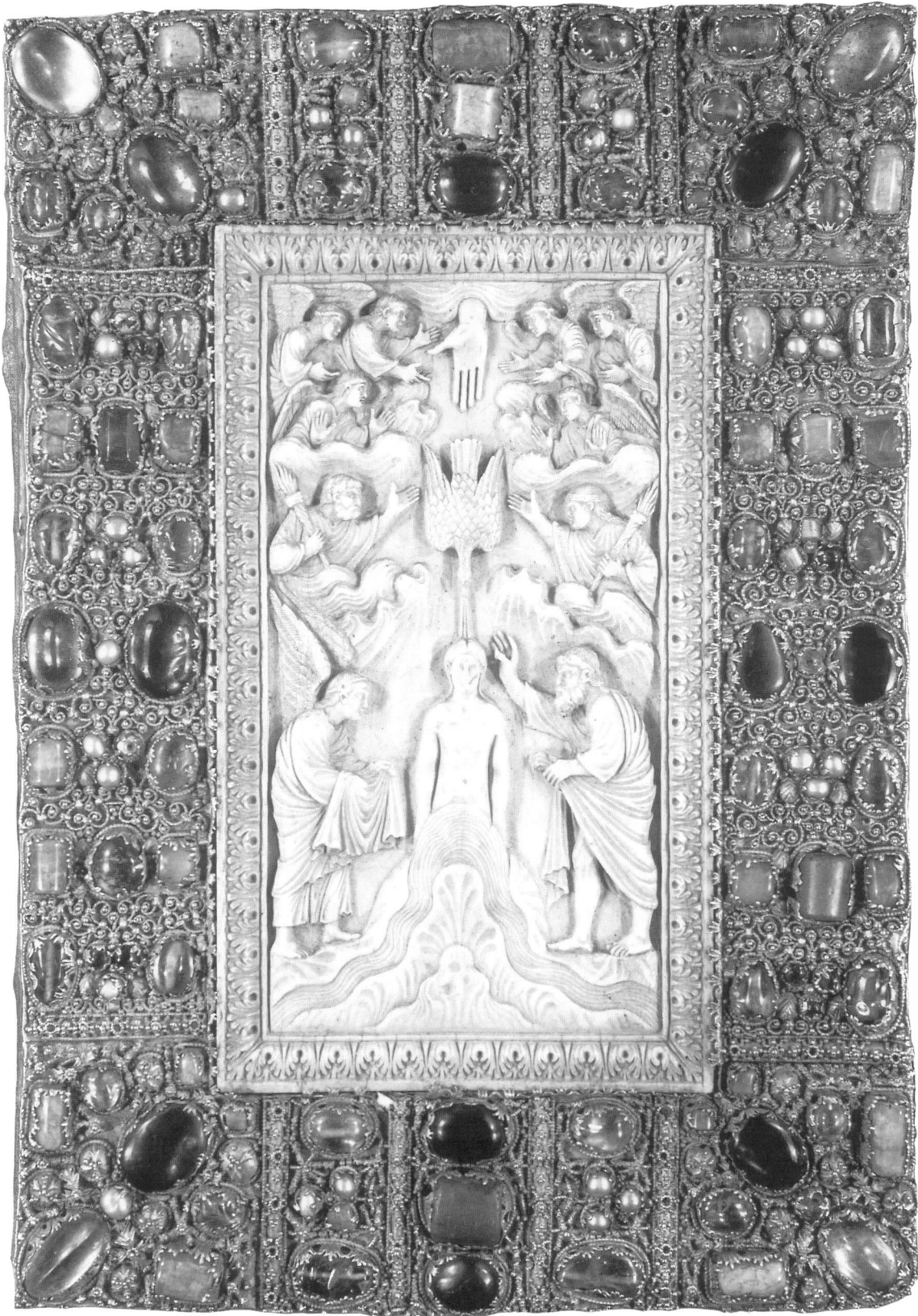

Abb. 52   Goldener Buchdeckel eines Evangeliars aus dem 2. Drittel des 10. Jahrhunderts. –
Bayerische Staatsbibliothek München Clm. 4451. – H. 31,1 cm.

d) Kreuzarme aus Perldreiecken (Tabelle 1,k)

Der quadratische Smaragd im Zentrum der beiden Schläfenplatten bildet nicht nur den Mittelpunkt eines Diagonalkreuzes aus tropfenförmigen Rubinen, sondern zugleich auch eines Kreuzes, dessen Stamm aus je drei zu einem Dreieck angeordneten Perlen besteht (Taf. 5–6). Solche Kreuzarme aus Perldreiecken kommen auf hochmittelalterlichen Goldschmiedearbeiten sehr selten vor[144] und nur während eines Zeitraums, der vom späten 10. bis gegen Ende des 11. Jahrhunderts reichte. Sie treten erstmals auf dem Codex latinus Monacensis 4451 (Abb. 52) aus dem zweiten Drittel des 10. Jahrhunderts in Erscheinung[145] und dann wieder bei den zwei vermutlich in Italien gearbeiteten Sternfibeln vom Mainzer Domchor (vgl. Abb. 18)[146] aus der Zeit Kaiser Heinrichs II. und bei der zeitgleichen Sternfibel im Metropolitan Museum New York (vgl. Abb. 64)[147]. Außerdem schmücken sie die Zierscheiben der sogenannten Pax von Chiavenna aus dem 11. Jahrhundert und schließlich auch noch die Vorderseite des um 1100 geschaffenen Dionysius-Kreuzes von Enger (vgl. Abb. 40)[148].

Die auffällige Kombination eines Diagonalkreuzes aus tropfenförmigen Rubinen mit einem Kreuz aus Perldreiecken ist allerdings außer auf den Kronenplatten nur ein einziges Mal zu finden. Dieses Motiv schmückt nämlich den Loros der Kaiserin Zoë (Taf. F) auf einem Mosaik in der Hagia Sophia, das zwischen 1028 und 1042 geschaffen wurde[149]. Somit dürfte es ebenfalls ein wichtiger Hinweis darauf sein, daß die Platten der Reichskrone noch nicht in spätottonischer, sondern erst in frühsalischer Zeit angefertigt wurden und daß an ihrer Herstellung ein Goldschmied aus Byzanz oder Italien maßgeblich beteiligt war.

4. Emails

a) Senkschmelzplatten mit stark gewölbter Oberfläche und ganzfiguriger Darstellung von Menschen (Tabelle 1,h)

Inmitten der vier kleinen Kronenplatten befindet sich je eine durchschnittliche 7,3 cm hohe, 5,3 cm breite und ca. 0,5 cm dicke Goldplatte mit stark aufgewölbter Oberfläche und figürlichen Darstellungen in Senkschmelztechnik. Diese Platten haben die Form eines Quadrates mit einem kleineren, etwas abgesetzten oberen Bogenfeld. Sie werden von glatten Goldblechzargen gehalten, welche aus der ausgeschnittenen Grundfläche der Kronen-Platte aufgebogen und um die obere Kante der Senkschmelzplatte gebördelt sind. Eine Einfassung aus Perldraht besitzen diese Senkschmelzplatten nicht.

Ihre figürlichen Darstellungen sind so in den Goldgrund eingetieft worden, daß das eingeschmolzene Email mitsamt den aufgelöteten Goldblechstreifen der inneren Zellwände in einer Ebene mit den nicht emaillierten Teilen der Goldplatte liegt. Die Platten zeigen Bildnisse des Königs Salomon (Taf. 7), des Königs David (Taf. 8), des Propheten Jesaias und des thronenden Königs Hiskia (Taf. 9) sowie Christi als Weltenrichter zwischen zwei Seraphimen (Taf. 10).

Alle stehenden Figuren tragen blaue Spruchbänder mit goldenen lateinischen Buchstaben in Händen. Die Namen der dargestellten Personen aus dem Alten Testament wurden in rot emaillierten Lettern in das jeweilige obere Bogenfeld gesetzt. Die Palette der verwendeten Emailfarben reicht von durchschei-

144 Fillitz (Anm. 130) 42.
145 Steenbock (Anm. 32) Nr. 32 Abb. 48. – Schramm u. Mütherich (Anm. 8) Nr. 113 Taf. 333.
146 Schneider (Anm. 23) 170 ff. – von Falke (Anm. 33) 28 Abb. 23–24. – Schulze-Dörrlamm (Anm. 6) Taf. 5.
147 H. Westermann-Angerhausen, Eine unbekannte Fibel aus dem ottonischen Kaiserinnenschmuck? Mainzer Zeitschr. 70, 1975, 67 Taf. 20. – The Metropolitan Museum of Art, Recent acquisitions 1987–88, 14 f.
148 Pax von Chiavenna: Steenbock (Anm. 32) Nr. 58 Abb. 81. – Y. Hackenbroch, Italienisches Email im frü-

hen Mittelalter (1938) 39 ff. Abb. 18–19. – Gauthier (Anm. 103) Nr. 25. – Werdendes Abendland an Rhein und Ruhr. Kat. Essen (1962) Taf. 339. – Dionysius-Kreuz von Enger: D. Kötzsche, Der Dionysius-Schatz, Enger (1983) 48 ff. – Kunst und Kultur im Weserraum. Kat. Corvey (1966) 571 Abb. 215. – Jülich (Anm. 19) 179 ff. Farbtaf. VI. – Brepohl (Anm. 101) Taf. 56.2.
149 Talbot Rice (Anm. 72) 24 Farbtaf. XIII. – Coche de la Ferté (Anm. 71) Abb. 71 und 253. – Whittemore (Anm. 72) 9 ff. Taf. XIII.

nendem Grün und Dunkelblau über das opake Weiß, Gelb, Türkis sowie Hell- und Dunkelbraun bis zum leicht rötlichen Beige des Inkarnats.

Wie schon eingangs beschrieben, stand bei vielen Versuchen, das Alter des Kronreifs zu bestimmen, bislang die Interpretation der dargestellten Personen und des durch sie vertretenen »Kronenprogramms« im Vordergrund. Für H. Decker-Hauff und R. Staats ist die Krone ein Sinnbild der von den Ottonen betonten Synthese von Königtum und Priestertum und müsse deshalb um 962[150] oder 967[151] geschaffen worden sein. L. Bornscheuer und H. Wolfram sehen dagegen in der Darstellung des Hiskia eine Anspielung auf die lebensgefährliche Erkrankung Kaiser Ottos I. sowie auf dessen späteren Tod im Jahre 973 und schließen daraus, daß die Krone erst nach dem Todesjahr[152] oder um 980[153] entstanden sein könne. Dagegen glauben G. J. Kugler und H. Trnek nicht, daß der Kronreif auf ein bestimmtes tagespolitisches Ereignis hin konzipiert wurde, weil die Kronenplatten lediglich die wichtigsten Tugenden des christlichen Herrschers zeigen, nämlich seine Weisheit und Gottesfurcht (Salomon), seine Gerechtigkeit (David), sein Vertrauen auf die Gnade Gottes (Hiskia) sowie Christus als König der Könige, dem der Kaiser Heil und Macht verdankt[154].

Die Zitate auf den Spruchbändern, welche Salomon, David und Jesajas in Händen halten, sind zwar der Deutschen Krönungsliturgie entnommen, die im Mainzer Ordo der Zeit um 960 festgelegt worden war[155], doch geben sie lediglich einen terminus post quem für die Entstehung des Kronreifs an. Sie lassen nicht erkennen, zu welchem Zeitpunkt die Emails tatsächlich entstanden und wann sie auf den Kronenplatten angebracht worden sind.

Eine Stilanalyse der bildlichen Darstellungen hilft hier auch kaum weiter, weil die ottonischen Codices nur selten Themen aus dem Alten Testament, sondern vorwiegend Bilderzyklen aus dem Neuen Testament zeigen[156]. Nach Ansicht von H. Trnek stehen die Figuren auf den Senkschmelzplatten noch ganz am Anfang der ottonischen Stilentwicklung des 10. Jahrhunderts[157]. Dagegen hält A. Grabar die Emails für Arbeiten des 11. Jahrhunderts, die erst unter Konrad II. auf den Kronenplatten angebracht worden seien[158]. Er schließt dies aus dem Stil der Gesichter, der Bärte und der Gewandkonturen.

Angesichts dieser Unsicherheiten und Widersprüche erscheint es ratsam, zunächst einmal die technischen Details der Senkschmelzplatten auf Alter und Herkunft zu prüfen. Dabei fällt als erstes auf, daß diese nicht streng bogenförmig gestaltet sind wie alle anderen byzantinischen Senkschmelzplatten des 10. bis 11. Jahrhunderts, etwa die Kronenplatten aus dem gegen 971 vergrabenen Schatz von Preslav (vgl. Abb. 12)[159], die byzantinischen Bogenplättchen auf dem Perikopenbuch König Heinrichs II. (Taf. J)[160], die Platten der Monomachos-Krone (Abb. 13) in Budapest aus der Zeit um 1042–50 oder einige byzantinische Platten der um 1075 entstandenen ungarischen Stephanskrone[161]. Vielmehr weisen die Senkschmelzplatten der Reichskrone am Bogenansatz kleine Einzüge auf, die man ansonsten nur bei den »byzantinischen« russischen Frauenkronen des 12. Jahrhunderts (Abb. 53)[162] oder aber bei Platten

150 Decker-Hauff (Anm. 2) 626 ff.

151 R. Staats, Theologie der Reichskrone (1976) 141 ff.

152 L. Bornscheuer, Miseriae Regum (1968) 216. – H. Wolfram, Überlegungen zur Datierung der Wiener Reichskrone. Mitt. Inst. Österr. Geschichtsforsch. 78, 1970, 90 ff.

153 Staats (Anm. 151) 45 f. – G. J. Kugler, Die Reichskrone (2. Aufl. 1986) 51. – H. Trnek, Die Reichskrone. In: Weltliche und Geistliche Schatzkammer. Bildführer Kunsthist. Museum Wien (1987) 150.

154 Trnek (Anm. 153) 150.

155 Decker-Hauff (Anm. 2) 620 ff. – H. Fillitz, Die Insignien und Kleinodien des Heiligen Römischen Reiches (1954) 19. – Trnek (Anm. 153) 150.

156 Fillitz (Anm. 1) 50.

157 Trnek (Anm. 153) 151.

158 A. Grabar, Journal des savants 1956, 86.

159 Totev (Anm. 31) Taf. 8. – A. Ančev, La Bulgarie médiévale. Kat. Paris (1980) 108 Nr. 157.

160 Steenbock (Anm. 32) Nr. 50 Abb. 71. – Schramm u. Mütherich (Anm. 8) Nr. 110 Taf. 327. – K. Wessel, Die byzantinische Emailkunst (1967) 82 ff. Abb. 26. – Dachs u. Klemm (Anm. 32) 62 Nr. 19.

161 Monomachoskrone: Wessel (Anm. 160) 98 ff. Nr. 32. – J. Deér, in: P. E. Schramm, Herrschaftszeichen und Staatssymbolik 2 (1955) 433 Taf. 49,a. – Stephanskrone: Wessel (Anm. 160) 113 ff. Nr. 37. – A. Boeckler, Die Stephanskrone. In: P. E. Schramm, Herrschaftszeichen und Staatssymbolik 3 (1956) 731 ff. Taf. 83–84. – Deér (Anm. 105) Abb. 3–16. – Kovács u. Lovag (Anm. 105) 18 ff.

162 J. Deér, Die mittelalterlichen Frauenkronen in Ost und West. In: P. E. Schramm (Hg.), Herrschaftszeichen und Staatssymbolik 2 (1955) 433 ff. Taf. 49b–c. – Ders. (Anm. 105) Abb. 90–91. – Vgl. auch die Platte einer Krone aus Jaroslavl: 1000 Jahre russische Kunst. Kat. Schleswig (1988) 192 Abb. 254.

Abb. 53   Senkschmelzplatte einer goldenen russischen Frauenkrone des 12. Jahrhunderts aus Jaroslavl. –
Ermitage Leningrad. – H. 3,8 cm.

findet, die den Hintergrund einer Arkade bildeten, wie zum Beispiel die Senkschmelzplatten der Pala d'Oro in Venedig[163]. Aus diesem Grund ist der Verdacht wohl nicht ganz unberechtigt, daß die Senkschmelzplatten der Reichskrone Spolien sein könnten, die ursprünglich vielleicht ein Reliquiar oder einen Tragaltar mit Arkaden schmückten, wie man sie zum Beispiel aus Quedlinburg[164] und aus dem Welfenschatz[165] kennt. Die Möglichkeit, daß die Senkschmelze ein wenig älter als der Kronreif sein könnten, ist also nicht ganz auszuschließen.

Auf jeden Fall gehören sie zu den ältesten erhaltenen Senkschmelzen nördlich der Alpen, auf denen Menschen in voller Größe abgebildet worden sind. Die aus dem 10. bis frühen 11. Jahrhundert stammenden Senkschmelze des Abendlandes – wie das Rundmedaillon auf dem Evangeliar des hl. Gauzelin[166] oder jenes auf dem Petrus-Reliquiar in Minden (Abb. 54)[167] – enthielten nur menschliche Brustbilder und die rechteckigen Senkschmelzplatten auf dem Andreas-Tragaltar (Abb. 55) in Trier

163 S. Bettini, Venedig, die Pala d'Oro und Konstantinopel. In: H. Hellenkemper (Hg.), Der Schatz von San Marco in Venedig. Kat. Köln (1984) 43. 53 ff. – Deér (Anm. 105) Abb. 265.

164 H. Keller, Zum sogenannten Reliquienschrein Ottos des Großen in Quedlinburg. Dumbarton Oaks Papers 41, 1987, 261 ff. Abb. 1. – Schramm u. Mütherich (Anm. 8) Nr. 101 Taf. 313.

165 de Winter (Anm. 86) 33 ff. – Gosebruch (Anm. 87) 28 ff. Abb. 10.

166 Steenbock (Anm. 32) Nr. 29 Abb. 45. – de Winter (Anm. 87) Abb. 4. – E. Steingräber, Email. RDK 5 (1959) 23.

167 Kunst und Kultur im Weserraum. Kat. Corvey (1966)

565 Abb. 208 Farbtaf. L. – de Winter (Anm. 87) Abb. 33. – Für eine Datierung dieser Senkschmelzscheibe in das ausgehende 10. oder das frühe 11. Jh. spricht außer der Punktumrandung der Figuren auch die formale Ähnlichkeit mit den Kreuzemailfibeln jener Zeit. Deren breiter Rand ist auch kreuzförmig gegliedert und weist in den Zwickeln zwar keine axialsymmetrischen Einzeltiere, dafür aber axialsymmetrische Halbpalmetten auf (vgl. u.a. M. Schulze-Dörrlamm, Eine goldene ottonische Kreuzemailfibel in Halberstadt. Arch. Korrbl. 19, 1989, 419 f. Abb. 5). Auf das frühe 11. Jh. weist zudem die Ähnlichkeit der Pfauenpaare mit jenen auf dem Kreuz des Grafen Ludolf im Welfenschatz von 1038 hin (vgl. de Winter [Anm. 87] 30).

(977–993) lediglich Evangelisten-Symbole[168]. Selbst die byzantinischen Senkschmelzplättchen auf dem Perikopenbuch König Heinrichs II. (Taf. J) [169] zeigen nur die Halbfiguren von Heiligen. Dagegen handelt es sich bei der runden flachen Senkschmelzscheibe mit dem Bild der Verkündigung auf dem Rand des gegen 1020 geschaffenen Uta-Buchkastens ganz offensichtlich um einen spätere Zutat[170].

Da die soeben erwähnten Senkschmelze des 10. bis frühen 11. Jahrhunderts alle eine ganz flache Oberfläche besitzen, wird man die auffällig stark aufgewölbte Oberfläche der Kronenplatten als ein chronologisches Indiz werten dürfen. Die Tendenz zur Aufwölbung setzte bei den byzantinischen und italienischen Senkschmelzen erst im Laufe der zweiten Hälfte des 10. Jahrhunderts ein. Sie deutet sich zum Beispiel bei den Rundmedaillons auf der byzantinischen Staurothek von Lavra St. Athanasios auf Athos[171] und bei denen einer Staurothek aus Byzanz im Schatz von San Marco[172] sowie bei einem Medaillon mit Engelsbildnis aus St. Emmeram zu Regensburg (um 1000) an, das vermutlich in Byzanz

Abb. 54   Goldene Senkschmelzscheibe des späten 10. bis frühen 11. Jahrhunderts auf dem Petrus-Reliquiar in Minden. – Domschatz Minden. – H. 7 cm.

168 Westermann-Angerhausen   (Anm. 4)   Abb. 8–11. – Schnitzler (Anm. 17) Taf. 20–21.
169 Steenbock (Anm. 32) Nr. 50 Abb. 71. – Schramm u. Mütherich (Anm. 8) 110 Taf. 327. – Wessel (Anm. 160) Abb. 26. – Dachs u. Klemm (Anm. 32) 62 Nr. 19.
170 Steenbock (Anm. 32) Nr. 59 Abb. 79. – Deér (Anm. 105) Abb. 203. – Hackenbroch (Anm. 148) 35 Abb. 17. –

Gauthier (Anm. 103) Nr. 20. – F. Mütherich u. K. Dachs, Regensburger Buchmalerei. Kat. München (1987) 33. – Dachs u. Klemm (Anm. 32) 72 Nr. 22.
171 A. Grabar, La précieuse croix de la Lavra Saint-Athanase au Mont-Athos. Cahiers Arch. 19, 1969, 99ff. Abb. 15 und 17.
172 Frazer (Anm. 143) 156ff. Nr. 13.

Abb. 55 Zwei goldene Senkschmelzplatten mit Evangelistensymbolen auf dem Andreas-Tragaltar (977–993). – Domschatz Trier.

82

oder in Italien entstanden ist [173]. Während des 11. bis 12. Jahrhunderts wurde die aufgewölbte Oberfläche dann zu einem typischen Kennzeichen von Senkschmelz-Arbeiten aus Italien und Byzanz. Als Beispiele seien hier nur die Platten (Abb. 13) der Monomachos-Krone (1042–50)[174], die Senkschmelze der Stephanskrone (um 1075)[175], das Evangeliar von Vercelli[176], die Staurothek von Cosenza[177], die kreuzförmige Staurothek von Vyšší Brod[178] und nicht zuletzt die zahlreichen Kolts (Abb. 56) aus russischen Schatzfunden des 12. Jahrhunderts[179] erwähnt.

Demgegenüber blieben Senkschmelze mit aufgewölbter Oberfläche in Deutschland seltene Ausnahmen. Zu diesen gehörten – außer den Kronenplatten – nur die rechteckigen, byzantinischen Senkschmelzplättchen auf den Armen des Theophanu-Kreuzes (1039–56) in Essen (Taf. K)[180] und ein Medaillon vom Severins-Schrein (Abb. 57), den der Kölner Erzbischof Herrmann III. (gest. 1099) im späten 11. Jahrhundert hatte anfertigen lassen[181]. Angesichts dieser Befunde können die Senkschmelzplatten der Reichskrone wohl kaum unter Otto I. um 962 entstanden sein, zumal die seinerzeit in Byzanz hergestellten Senkschmelze – wie etwa jene der »Limburger Staurothek« (964/5)[182] – alle noch eine ganz flache Oberfläche besaßen.

H. Decker-Hauff hatte geglaubt, anhand der glatten und umgebördelten Zargenfassungen der Senkschmelzplatten eine besonders enge stilistische Verwandtschaft zum Älteren Mathildenkreuz in Essen

Abb. 56   Zwei goldene russische Kolts aus einem Kiever Schatzfund des 12. Jahrhunderts. – Ermitage, Leningrad. – H. 5 cm.

173 M. Rosenberg, Geschichte der Goldschmiedekunst auf technischer Grundlage. Zellenschmelz (1921) Abb. 71–72. – Gauthier (Anm. 103) Nr. 21. – Deér (Anm. 105) Abb. 205. – D. Buckton, Enamelling on gold. Gold Bulletin 15, 1982, 101 ff. Abb. 9.

174 M. Bárány-Oberschall, The crown of the emperor Constantine Monomachos. Archaeologica Hungarica 22 (1937) 51 Taf. 1–10, bes. Taf. 8,5. – Deér (Anm. 162) 433 f. Abb. 60a. – Wessel (Anm. 160) 98 ff. Nr. 32. – Deér (Anm. 105) Abb. 90.

175 Deér (Anm. 105) Abb. 3–16. – Wessel (Anm. 160) 113 ff. Nr. 37. – Kovács u. Lovag (Anm. 105).

176 Steenbock (Anm. 32) Nr. 91 Abb. 126. – Gauthier (Anm. 148) Nr. 28.

177 Wessel (Anm. 160) 178 ff. Nr. 56.

178 Wessel (Anm. 160) 165 ff. Abb. 50.

179 G. F. Korzuchina, Russkie klady (1954) Taf. 23,1; 44, 1–2; 48, 4–5; 49,2–3.9–12; 57,1). – Bock (Anm. 167) Taf. 32. – Deér (Anm. 105) Abb. 51. – Benda (Anm. 114) Taf. 85. – 1000 Jahre russische Kunst. Kat. Schleswig (1988) Nr. 255–258. – Historische Schätze aus der Sowjetunion. Kat. Essen (1967) Nr. 352 Taf. 68.

180 Medding-Alp (Anm. 9) Abb. 37. – Schnitzler (Anm. 17) Taf. 155.

181 Schnitzler (Anm. 17) Taf. 49. – Email. Kunst, Handwerk, Industrie. Kat. Köln (1981) 46 ff. Nr. 15. – Ornamenta Ecclesiae. Kat. Köln 2 (1985) 255 Nr. E 43.

182 Schnitzler (Anm. 17) 24 Taf. 38–46. – Wessel (Anm. 160) 77 ff. Nr. 22. – J. Rauch, Die Limburger Staurothek. Das Münster 8, 1955, 201 ff.

Abb. 57 Gewölbte goldene Senkschmelzscheibe mit dem Bild des hl. Severin vom Severins-Schrein in Köln aus dem späten 11. Jahrhundert. – Katholische Pfarrgemeinde St. Severin, Köln. – M = 1:1.

(973–982) nachweisen zu können[183]. Eine solche existierte jedoch keineswegs. Bei dem Email auf dem Stamm dieses Kreuzes handelt es sich nämlich nicht um eine Senkschmelz-, sondern um eine flache Zellenschmelzplatte (Abb. 58)[184] mit einem für die Erzeugnisse der Trierer Egbert-Werkstatt typischen Randlinie aus eingepunzten feinen Punkten und mit einer Umrandung aus Perldraht, die den Senkschmelzplatten des Kronreifs fehlt.

Für die Frage nach der Herkunft der Kronen-Emails ist deren fehlende Perldrahtumrandung von entscheidender Bedeutung. Diese Perldrahtverzierung ist nämlich bei den Voll- und Senkschmelzen des 10. und 11. Jahrhunderts fast immer vorhanden. Sie fehlt – wenn überhaupt – nur bei einigen Goldschmiedearbeiten aus dem byzantinischen Bereich, zum Beispiel bei den Senkschmelzplatten der Limburger Staurothek[185], bei den Medaillons auf der Staurothek von Lavra St. Athanasios/Athos aus dem 10. Jahrhundert[186], den Zellenschmelzen auf dem Rand des byzantinischen Felixschreins in Aachen

183 Decker-Hauff (Anm. 2) 573. – Vgl. Küppers u. Mikat (Anm. 7) Taf. 6.
184 Die für die Trierer Egbert-Werkstatt typischen Umrandungen aus eingepunzten Punkten finden sich außer auf dem Andreas-Tragaltar (Schnitzler [Anm. 17] Taf. 20–21) auch noch auf dem Petrus-Stab in Limburg (Deér

[Anm. 105] Taf. 72, 188. – E. Steingräber, Email. RDK 5 [1959] 14 Abb. 8) und auf dem Petrus-Reliquiar in Minden (de Winter [Anm. 87] Abb. 33).
185 Rauch (Anm. 182) 201 ff.
186 Grabar (Anm. 171) Abb. 15 und 17.

Abb. 58 Der Stamm des Älteren Mathildenkreuzes in Essen mit den Stifterbild der Äbtissin Mathilde (973–1011) und des Herzogs Otto von Bayern und Schwaben (†982). – Münsterschatz Essen.

Abb. 59 Gewölbte goldene Senkschmelzplatte mit dem Bild der thronenden Gottesmutter auf dem Triptychon von Chachuli aus dem 11. Jahrhundert. – Kunstmuseum Georgiens Tiflis.

aus der Zeit um 1000[187] oder den Medaillons auf einem byzantinischen Kreuz des 12. Jahrhunderts in Hamburger Privatbesitz[188]. Vor allem ist hier aber eine Senkschmelzplatte mit dem Bildnis der thronenden Gottesmutter auf dem Triptychon von Chachuli (Abb. 59) aus dem 11. Jahrhundert[189] zu erwähnen, das ebenfalls eine aufgewölbte Oberfläche besitzt und zudem durch umgebördelte glatte Goldblechzargen gehalten wird. Demnach sind die Senkschmelzplatten offenbar von einem Goldschmied auf dem Kronreif angebracht worden, der in der Manier byzantinischer Goldschmiede gearbeitet hat.

Auf die südliche Herkunft der Senkschmelzplatten deuten aber noch weitere Details hin, auf die auch schon P. Lasko aufmerksam machte[190]. Dazu gehört außer der Bogenform der Platten die Tracht der Könige aus dem Alten Testament. Diese tragen nämlich über ihrer kurzen, gegürteten Tunika eine Chlamys (Militärmantel) mit typisch byzantinischem Tablion, also einem kleinen rechteckigen Stoffeinsatz an der vorderen Mantelkante. P. Lasko stellte mit Recht fest, daß es im 10./11. Jahrhundert in Deutschland keine Herrscherbildnisse mit tablion-verzierter Chlamys mehr gegeben hat, ganz im Unterschied zu Byzanz und Italien, wo derartige Abbildungen weiterhin üblich waren[191]. Deutlich wird dieser wichtige Unterschied zum Beispiel bei einem Vergleich der vermutlich in Urach gemalten Miniatur Kaiser Heinrichs IV. in der Weltchronik des Ekkehard von Aura (1113–14) mit dem Bild des Königs Salomon in einer in Rom entstandenen Bibel der Zeit vor 1075 (Abb. 60)[192]. Beide Herrscher tragen einen Mantel, der von dem deutschen Maler ohne, von dem italienischen jedoch mit einem tablion-artigen Stoffeinsatz dargestellt worden ist.

Als Herkunftsraum der Senkschmelzplatten kommt allerdings nicht Byzanz, sondern nur Italien in Betracht. Darauf deuten einmal die lateinischen Inschriften, aber auch die Tatsache hin, daß die Figuren selbst zu Trägern der Inschriften gemacht wurden, was in der byzantinischen Kunst undenkbar war[193]. Ein weiteres Indiz sind die knopfartig gestalteten Augen der menschlichen Figuren, die nicht das Weiße des Augapfels besitzen, das die qualitätvollen Emails aus Byzanz kennzeichnete. Schließlich findet man in Italien auch Arbeiten mit der für die Senkschmelzplatten des Kronreifs typischen Farbskala. So kommt das durchscheinende Grün und Dunkelblau in Verbindung mit opakem Weiß, Türkis, Gelb, Hell- und Dunkelrotbraun sowie mit einem beigefarbenem Inkarnat auch auf dem Mailänder Buchdekkel (Taf. G) des Aribert da Intimiano (1018–1045) und auf der sogenannten Pax von Chiavenna aus dem 11. Jahrhundert vor[194].

Für Vermutungen, daß die Kronen-Emails aus einer rheinischen[195], einer regensburgischen[196] oder gar einer Reichenauer Werkstatt stammen könnten[197], sehe ich dagegen keinen stichhaltigen Grund.

Bei dem Versuch K. Hoffmanns, das wahre Alter der Reichskrone zu bestimmen, spielten die Senkschmelzplatten eine ausschlaggebende Rolle. Seiner Meinung nach sind die bogenförmigen Goldgrundminiaturen des Aachener Liuthar-Codex aus der Zeit um 1000, mit denen die Goldgrund-

187 E. G. Grimme, Der Aachener Domschatz. Aachener Kunstbl. 41, 1972, 47f. Abb. 34. – H. Wentzel, Das byzantinische Erbe der ottonischen Kaiser. Hypothesen über den Brautschatz der Theophano. Aachener Kunstbl. 40, 1971, Abb. 20.

188 Wessel (Anm. 60) 188ff. Nr. 61.

189 A. Dshawachischwili u. G. Abramischwili, Goldschmiedekunst und Toreutik in den Museen Georgiens (1986) Abb. 171.

190 P. Lasko, Ars Sacra 800–1200 (1972) 86.

191 Lasko (Anm. 190) 86. – Darstellungen von Königen mit Chlamys und Tablion findet man allenfalls noch im Stuttgarter Psalter des frühen 9. Jahrhunderts (Der Stuttgarter Bilderpsalter. Faksimile-Nachdruck [1965]).

192 Heinrich IV. in der Weltchronik des Ekkehard v. Aura: P. E. Schramm, Die deutschen Kaiser und Könige in Bildern ihrer Zeit 751–1190, hg. von F. Mütherich (1983) 244 Nr. 174. – König Salomon in der Bibel aus Rom: X. Barral i Altet, F. Avril u. D. Gaborit-Chopin, Romanische Kunst 1. Mittel- und Südeuropa 1060–1220 (1983) 159 Abb. 146.

193 Trnek (Anm. 153) 151.

194 Buchdeckel des Aribert da Intimiano: Grodecki, Mütherich, Taralon u. Wormald (Anm. 55) Abb. 333. – Pax von Chiavenna: Steenbock (Anm. 32) Nr. 59 Abb. 81. – Hakkenbroch (Anm. 148) 39ff. Abb. 18. – Grodecki, Mütherich, Taralon u. Wormald (Anm. 55) Abb. 332.

195 E. Steingräber, Email. RDK 5 (1959) 24.

196 G. Haupt, Zur Entstehung der deutschen Kaiserkrone. Oberrheinische Kunst 2, 1927, 87.

197 Fillitz (Anm. 1) 51.

Abb. 60   Herrscherbildnisse des 11./12. Jahrhunderts. – Links: Kaiser Heinrich IV. in der Weltchronik des Ekkehard von Aura, 1113–14. – Rechts: König Salomon in einer Bibel aus Rom der Zeit vor 1075. – Bayerische Staatsbibliothek München Cod. lat. 13001.

malerei in Deutschland eingeführt wurde (Taf. M), unmittelbar auf deren Vorbild zurückzuführen[198]. Dementsprechend müsse die Krone mitsamt den Emails ein wenig früher, also für die Kaiserkrönung Ottos III. im Jahre 996 geschaffen worden sein.

Diese Argumentation ist aber nicht überzeugend, weil die Goldgrundmalerei auch aus Byzanz[199] übernommen oder durch Senkschmelze verlorengegangener Goldschmiedearbeiten – wie etwa von goldenen Antependien, Tragaltären und anderem – angeregt worden sein kann. Die Platten des Kronreifs kommen dagegen als Vorbilder kaum in Betracht. Im Unterschied zu den Miniaturen des Liuthar-Psalters sind sie nicht streng bogenförmig gestaltet, und sie weisen auch keine Umrandung aus feinen Punktpunzen auf, die im Krönungsbild Kaiser Ottos III. durch feine weiße Punktreihen angedeutet wurden (Taf. M). Demnach könnten allenfalls Senkschmelzplatten der Trierer Egbert-Werkstatt (977–993) als Vorlagen gedient haben, welche ebenso wie die Senkschmelze auf dem Andreas-Tragaltar (vgl. Abb. 55)[200], oder die Zellenschmelzplatten auf dem Trierer Petrus-Stab in Limburg[201] und auf dem Älteren Mathildenkreuz in Essen (vgl. Abb. 58)[202] oder die Zellenschmelzscheibe des Mindener Petrus-Reliquiars (vgl. Abb. 54)[203] von solchen feinen Punzlinien umzogen waren. Als terminus ante quem für die Entstehung des Kronreifs und seiner vier Senkschmelze scheidet der Aachener Liuthar-Codex demnach aus.

198 K. Hoffmann, Die Taufsymbolik im mittelalterlichen Herrscherbild (1968) 60 Taf. 3. – Vgl. die Farbabbildungen bei E. G. Grimme, Das Evangeliar Kaiser Ottos III. im Domschatz zu Aachen (1984) und bei Grodecki, Mütherich, Taralon u. Wormald (Anm. 55) Abb. 128.

199 In Byzanz war die Goldgrundmalererei schon im 10. Jahrhundert üblich (K. Wessel, Goldgrund. Reallexikon zur Byzantinischen Kunst 2 [1971] 887. – Vgl. u.a. J. Lafon-taine-Dosogne [Hg.], Splendeur de Byzance. Kat. Brüssel [1982] M.5–M.7 sowie die bogenförmige Goldgrundminiatur M.9 aus dem 11. Jh.).

200 Schnitzler (Anm. 17) Taf. 20–21.

201 Deér (Anm. 105) Taf. 72, 188.

202 Küppers u. Mikat (Anm. 7) Taf. 6. – Schnitzler (Anm. 17) Taf. 145.

203 de Winter (Anm. 87) Abb. 33.

88

B. Verzierungselemente der Rückseiten

Die Rückseiten der acht Kronenplatten bestehen aus glattem Goldblech, das unterhalb der großen Edelsteine ausgeschnitten und an den Schnittkanten mit aufgelötetem Perldraht verziert worden ist. Außerdem tragen die Bogenfelder, welche über die Kronhaube hinausragen, Perldrahtornamente unterschiedlicher Form.

Auf der Stirn- und Nackenplatte finden sich ausschließlich Dreiecke aus je drei Perldrahtringen (Abb. 1; 61; 74), die den oberen Bogenrand säumen. In der Fläche verstreut sind einzelne Dreiecke aus Perldraht-Tropfen. Eine etwas andere Verzierung weisen die zwei Schläfenplatten und drei der kleinen Bildplatten auf. Ein Perldrahtbogen teilt nämlich ihr oberes Bogenfeld in zwei Zonen (Abb. 1; 74). An ihm reihen sich zu beiden Seiten wieder Dreiecke aus Perldrahtringen auf. Am äußeren Bogenrand zieht dagegen ein Band aus einzelnen, geklammerten Stengelblüten entlang. Im Zentrum ihres Bogenfeldes sitzt ein großes Herzornament mit einer geklammerten Stengelblüte im Inneren.

Die »Salomonplatte«, deren Perldrahtornamente auffällig stark abgerieben sind, nimmt dagegen eine Sonderstellung ein. Ihr Bogenfeld wird zwar ebenfalls am Rand von geklammerten Stengelblüten gerahmt, ist aber nicht in zwei Zonen unterteilt. Zudem fehlen ihr die sonst überall vorhandenen Dreiecke aus Perldrahtringen. Mittelpunkt ihres Bogenfeldes ist ein Herzornament mit einer geklammerten Kolbenblüte und zwei seitlichen, langstieligen »Staubgefäßen« (vgl. Abb. 74). Trotz mancher Unterschiede im Detail sind alle acht Platten durch gemeinsame Schmuckformen miteinander verbunden und dürften demnach zur gleichen Zeit entstanden sein.

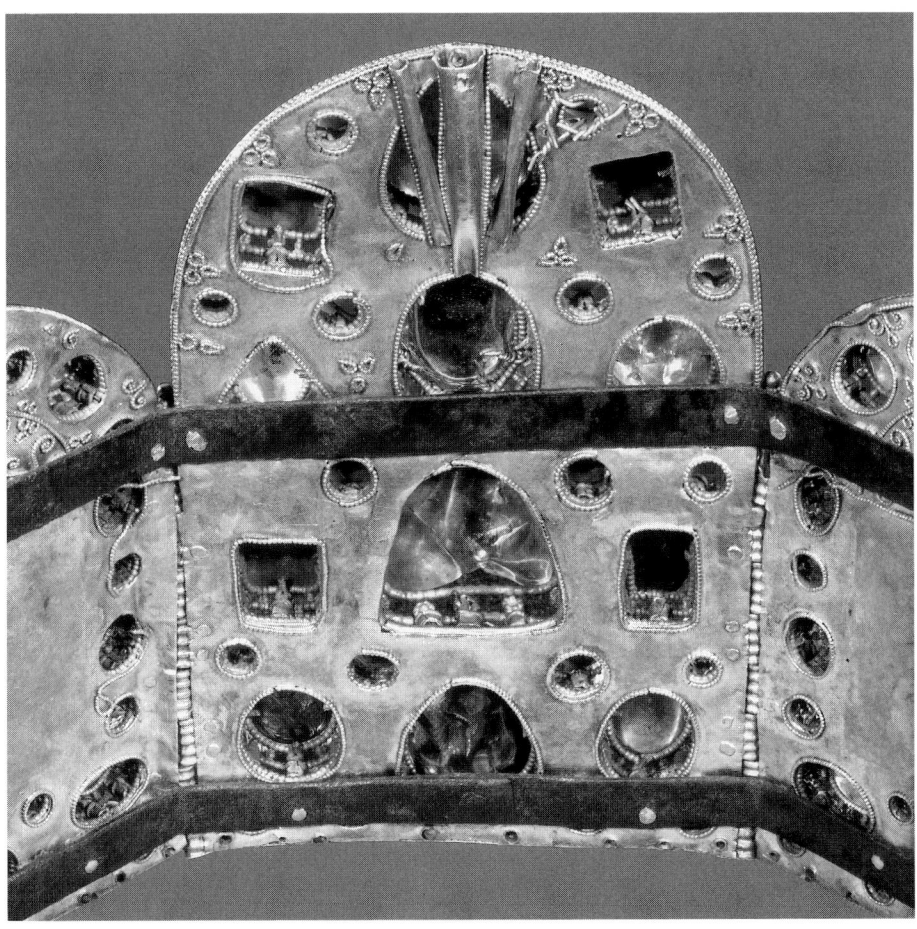

Abb. 61   Die Rückseite der Nackenplatte des Kronreifs. – Kunsthistorisches Museum Wien.

Abb. 62   Die Rückseite der linken Schläfenplatte des Kronreifs. – Kunsthistorisches Museum Wien.

a) Perldrahtumrandung ausgeschnittener Flächen (Tabelle 1,q)

Die Kanten ausgeschnittener Löcher in den Rückseiten der Kronenplatten sind – ebenso wie die Ränder der Einsteckhülsen für den Bügel und für die »Lilien« aus Perlen und Edelsteinen – von einem aufgelöteten Perldraht umzogen (Abb. 61–62). Diese sorgfältige Bearbeitung und Verzierung von Rückseiten ist typisch für hochmittelalterliche Goldschmiedearbeiten aus Italien und Byzanz. Man findet sie nicht nur beim Berengar-Kreuz in Monza (Abb. 63) aus dem Beginn des 10. Jahrhunderts[204], sondern auch bei den zwei am Mainzer Domchor gefundenen Sternfibeln aus der Zeit Kaiser Heinrichs II. (vgl. Abb. 18)[205] und bei der zeitgleichen Sternfibel im Metropolitan Museum New York (Abb. 64)[206]. Diese drei Fibeln dürften wegen der sehr engen Wellenbänder aus Goldblechstreifen, welche die Perlen und den Mittelsaphir umziehen, ebenfalls Erzeugnisse von Goldschmieden aus dem Mittelmeerraum sein[207]. Mit Perldraht umrandete Löcher schmücken außerdem einige byzantinische Steigbügelringe des 11. Jahrhunderts[208]. Bei anderen Arbeiten, wie dem byzantinischen Kreuz in

204 Jülich (Anm. 19) 148 Abb. 11. – Zastrow u. de Meis (Anm. 25) 27 Taf. 19–20.
205 Schneider (Anm. 33) 170 ff. – Schulze-Dörrlamm (Anm. 6) Abb. 46.
206 Westermann-Angerhausen (Anm. 147) 67 Taf. 20. – The Metropolitan Museum of Art. Recent acquisitions 1987–1988, 14 f.
207 Dazu ausführlich Schulze-Dörrlamm (Anm. 6) 65 Abb. 14–15.
208 B. Segall, Katalog der Goldschmiedearbeiten, Museum Benaki Athen (1938) Taf. 59, 298–300. – J. Boardman u. D. Scarisbrick, The Ralph Harari Collection of Finger Rings (1977) 85 Nr. 201–202.

Abb. 63   Rückseite des Berengar-Kreuzes aus dem Beginn des 10. Jahrhunderts. – Domschatz Monza. – H. 23 cm.

Abb. 64 Rückseite der sternförmigen Saphir-Fibel aus dem frühen 11. Jahrhundert. – Metropolitan Museum New York. – Dm. 4,7 cm.

Abb. 65 Vorder- und Rückseite des goldenen Halbmondohrrings aus dem kleinen Schatzfund im Hof der Mainzer Stadionerhof-Kaserne, vergraben nach 1028/34. – Landesmuseum Mainz. – M = 2:1.

Roskilde[209] und bei einer Sternfibel der Zeit um 1100 aus Italien[210], sind die Rückseiten unterhalb der Edelsteine zwar nicht ausgeschnitten, aber doch immerhin auch mit aufgelötetem Perl- oder Filigrandraht nachgezeichnet.

Deutsche Goldschmiede scheinen – wenn überhaupt – erst im Laufe des zweiten Drittels des 11. Jahrhunderts dazu übergegangen zu sein, die Rückseiten von Schmuckstücken in dieser Weise zu

209 Annaler f. Nordisk Oldkyndighet 1842–43, 3 ff. Taf. 1, 4a–c. – H. Wentzel, Das byzantinische Erbe der ottonischen Kaiser, Hypothesen über den Brautschatz der Theophano. Aachener Kunstbl. 43, 1972, 42 Abb. 45b.

210 Rosenberg (Anm. 173) Abb. 7.

92

verzieren. Darauf deuten die mit Filigranornamenten geschmückten Halbmondohrringe aus dem Mainzer Schatz der Kaiserin Agnes (vgl. Abb. 24)[211] und der einzelne Halbmondohrring aus dem kleinen Mainzer Schatz vom Jahre 1904 hin (Abb. 65), der frühestens nach 1028/34 vergraben worden sein kann[212]. Aber selbst bei diesen Ohrringen zeigt sich in Form und Verzierungselementen ein starker byzantinischer Einfluß. Insofern wird man die Perldrahtumrandung der ausgeschnittenen Löcher in den Kronenplatten durchaus zu den Indizien rechnen dürfen, die andeuten, daß der Kronreif von einem Goldschmied aus dem Süden angefertigt wurde.

Abb. 66 Goldgriff des Schwertes der Essener Äbtissinnen aus dem frühen 11. Jahrhundert. – Münsterschatz Essen.

211 von Falke (Anm. 33) Taf. 4, 5. – Schulze-Dörrlamm (Anm. 6) Abb. 2, 1b–2b.
212 L. Lindenschmit, Westdt. Zeitschr. 23, 1904, 353 ff.

Taf. 7,1b. – P. T. Keßler, Technische Beobachtungen an der Mainzer Adlerfibel. Schumacher-Festschr. (1930) 47 Abb. 5. – Schulze-Dörrlamm (Anm. 6) Abb. 4.

b) Herzornament mit geklammerter Kolbenblüte (Tabelle 1,r)

Inmitten des rückwärtigen Bogenfeldes der Salomon-Platte befindet sich ein Herzornament aus Perldraht mit einer geklammerten Kolbenblüte und zwei langstieligen »Staubgefäßen« im Innern (vgl. Abb. 74). Dieses Verzierungsmotiv kommt nur bei sehr wenigen anderen Goldschmiedearbeiten des Hochmittelalters in Deutschland vor. Am ähnlichsten ist das Filigranherz mit geklammerter Kolbenblüte auf dem oberen Griffteil des Schwertes der Essener Äbtissinnen (Abb. 66)[213], das wegen der Rankenornamentik seiner Scheide in die Zeit um 1000 datiert wird. Immerhin gleicht es mit seinem kugelsegmentförmigen und edelsteinverzierten Knauf so sehr jenem Schwert, das König Heinrich II. auf einer Miniatur im Regensburger Sakramentar (1002–14) in Händen hält (vgl. Abb. 6)[214], daß diese Datierung wohl zutreffen dürfte. Zudem ist dieses Schwert ein Derivat der für das 10. Jahrhundert typischen Schwerter mit halbrundem Knauf vom Typ Petersen X.[215] Ein terminus ad quem für die Entstehung der Kronenplatten ist das Herzornament des Essener Schwertes allerdings nicht, denn es findet sich auch auf dem unteren Teil des Evangeliars der Judith von Flandern (Abb. 67) aus dem dritten Viertel des 11. Jahrhunderts[216] und in leicht abgewandelter Form auch noch auf dem Rand des kleinen Kruzifixes, das auf dem oberen Stamm des Osnabrücker Kapitelkreuzes aus der Zeit um 1070 sitzt[217].

c) Randeinfassung aus geklammerten Stengelblüten (Tabelle 1,s)

Die Bogenränder von sechs Kronenplatten sind – mit Ausnahme der Stirn- und Nackenplatte – von einem Band einzelner, geklammerter Stengelblüten aus Perldraht gesäumt (vgl. Abb. 62). Goldschmiedearbeiten mit einer gleichartigen Randeinfassung kenne ich zwar nicht, aber doch einige mit ähnlichen Ornamenten. Filigrandrahtblüten ohne Klammer und zum Teil mit einer kolbenförmigen Blüte schmücken zum Beispiel den Rand des Evangeliars MS lat. 9453 aus dem frühen 11. Jahrhundert in der Bibliothèque Nationale[218] und den Rand der silbernen Terslev-Fibel aus dem nach 1025/35 vergrabenen Schatz von Digrans auf Gotland (Abb. 68)[219]. Diese gehört nicht zu den älteren Terslev-Fibeln des 10. Jahrhunderts, sondern zu einer jüngeren Variante mit Rankenornamenten und einer Umrandung aus Achterschlaufen, die erstmals in den nach 1025/30 verborgenen Schatzfunden Skandinaviens[220] faßbar wird.

Den wenigen erhaltenen Parallelen zufolge scheint die Randeinfassung von Goldschmiedearbeiten mit einem Saum einzelner Stengelblüten aus Perl- oder Filigrandraht nur in der ersten Hälfte des 11. Jahrhunderts gebräuchlich gewesen zu sein.

d) Randeinfassung mit Dreiecken aus Perldrahtringen (Tabelle 1,t)

Dreiecke aus drei Perldrahtringen, von denen einer tropfenförmig ausgezogen ist (vgl. Abb. 61), zieren den oberen Bodenrand von Stirn- und Nackenplatte und sitzen zu beiden Seiten des Perldrahtes, der die Bogenfelder der übrigen Platten in zwei Zonen unterteilt.

213 Küppers u. Mikat (Anm. 7) Taf. 18. – Schramm u. Mütherich (Anm. 8) 149 Nr. 86 Taf. 302. – Werdendes Abendland an Rhein und Ruhr. Kat. Essen (1962) Taf. 372. – Grodecki, Mütherich, Taralon u. Wormald (Anm. 55) Abb. 269.

214 Schramm (Anm. 203) Nr. 124 Taf. 376. – H. Fuhrmann u. F. Mütherich, Das Evangeliar Heinrichs des Löwen und das mittelalterliche Herrscherbild. Kat. München (1986) Taf. 17.

215 Vgl. M. Müller-Wille, Krieger und Reiter im Spiegel früh- und hochmittelalterlicher Funde Schleswig-Holsteins. Offa 34, 1977, 43 Abb. 13,1–2.4–6; 14,1–6.

216 Steenbock (Anm. 32) Nr. 76 Abb. 104.

217 Westermann-Angerhausen (Anm. 46) 187ff. Taf. 17. – Ornamenta Ecclesiae. Kat. Köln 3 (1985) 103ff. H. 27. – Hürkey (Anm. 20) Nr. 246 Abb. 246.

218 Steenbock (Anm. 32) Nr. 49 Abb. 69.

219 M. Stenberger, Die Schatzfunde Gotlands der Wikingerzeit II (1947) 210f. Abb. 207,2. – W. Holmqvist, Övergangstidens metalkonst. Kungl. Vitterhets Hist. och Antikv. Akad. Handlingar. Antikv. Ser. 11, 1963, Abb. 94.

220 Vgl. Holmqvist (Anm. 219) Abb. 91–94.96. – Stenberger (Anm. 219) Abb. 205,1. – M. Stenberger, Die Schatzfunde Gotlands der Wikingerzeit I (1958) Abb. 1.

Abb. 67   Golddeckel des Evangeliars der Judith von Flandern aus dem dritten Viertel des 11. Jahrhunderts. – Pierpont Morgan
Library New York, M 708. – H. 29,5 cm.

Abb. 68 Silberne Terslev-Fibel aus dem Schatzfund von Digrans, Kirchspiel Sundre, Gotland, vergraben nach 1025/35. – Statens Historiska Museum Stockholm. – M = 3:2.

Ringdreiecke gehören zu jenen Schmuckelementen, die in der byzantinischen und islamischen Gold-schmiedekunst besonders lange und häufig verwendet wurden. Deshalb findet man sie zum Beispiel auf der orientalischen Amulettkapsel in dem nach 852/7 vergrabenen Schatz von Hon/Norwegen[221] ebenso wie bei einigen byzantinischen Dreibeerenohrringen des 10./11. Jahrhunderts von Skradin-Smrdelje[222], auf islamischen Ohrringen des 11. Jahrhunderts im Schatz von Le Kef/Tunesien und aus dem Iran[223] oder auch noch auf dem byzantinischen Reliquienkreuz des 12. Jahrhunderts in Namur[224]. Natürlich dienten sie gelegentlich auch zur Verzierung eines Randes, wie bei den Schmuckstücken des 12. Jahrhun-derts aus dem Iran, die im Metropolitan Museum aufbewahrt werden[225].

Bei den im nördlichen Mitteleuropa entstandenen Goldschmiedearbeiten lassen sich dagegen Randein-fassungen aus Perldrahtringen selten nachweisen. Eine Ausnahme bildet die silberne Terslev-Fibel aus dem nach 1025/30 verborgenen Schatz von Kännungs auf Gotland (Abb. 69)[226]. Diese gehört ebenfalls zur jüngeren Variante dieses Fibeltyps, die nur in den während des zweiten Drittels des 11. Jahrhunderts vergrabenen Schatzfunden Skandinaviens enthalten ist.

221 B. Heyerdahl-Larsen, Gnostiske amulettgjemmer i skat-ten fra Hon? Viking 45, 1982, 93 Abb. 1.
222 D. Jelovina, Starohrvatske nekropole (1976) Taf. 84,4–5.
223 G. Marçais u. L. Poinssot, Objets Kaiouanais (1952) 482 Abb. 127. – De Carthage à Kairouan. Kat. Paris (1983) 225 Abb. 307. – M. Keene, Expedition 24, 1981, 25.

224 Ornamenta Ecclesiae. Kat. Köln 3 (1985) H 34.
225 M. Jenkins u. M. Keene, Islamic jewelry in the Metropo-litan Museum of Art (1982) 58 Nr. 27.
226 Stenberger (Anm. 219) 115 f. Textabb. 44, Abb. 150,1.

Abb. 69   Silberne Terslev-Fibel aus dem Schatzfund von Kännungs, Kirchspiel Hellvi, Gotland, vergraben nach 1025/30. – Statens Historiska Museum Stockholm. – M = 1:1 (nach Stenberger).

Abb. 70   Rückseite des byzantinischen Reliquienkreuzes von Brescia aus dem späten 10. Jahrhundert. – Museo Cristiano Brescia. M = 1:1.

Abb. 71   Mittelstück des Kreuzes der Essener Äbtissin Theophanu (1039–56). – Münsterschatz Essen.

Als Füllornamente der Rückseiten von Stirn- und Nackenplatte des Kronreifs dienen Dreiecke aus Perldrahttropfen (vgl. Abb. 61 und 74). Dieses Ornament ist vor allem für die Frage nach der Herkunft der Kronenplatten wichtig, denn es kommt nur auf der Rückseite des byzantinischen Reliquienkreuzes von Brescia vor (Abb. 70)[227], das ein wenig früher als die Reichskrone, nämlich wohl schon gegen Ende des 10. Jahrhunderts entstanden ist. Seine Dreiecks- und Rosettenmuster bestehen nämlich noch aus je einem glatten und einem geperlten Golddraht und sind mit vielen kleinen granulierten Dreiecken kombiniert, so wie man es von den Masken des um 1000 vergrabenen Schatzes von Fölhagen auf Gotland kennt[228]. Dreiecke aus Perldraht-Tropfen und aus Perldrahtringen sind also als Indizien dafür zu werten, daß die Kronenplatten von einem Goldschmied aus dem Mittelmeerraum angefertigt wurden.

e) Herzornament mit geklammerter Stengelblüte (Tabelle 1,u)

Im inneren Bogenfeld von drei Senkschmelzplatten des Kronreifs befindet sich jeweils ein Herzornament mit einer geklammerten Stengelblüte (vgl. Abb. 62) aus Perldraht. Solche Herzen wurden – ganz im Gegensatz zu den schon auf dem Älteren Mathildenkreuz (973–982) vorhandenen Perldrahtherzen mit einer geklammerten Kolbenblüte (vgl. Abb. 58)[229] – anscheinend erst in salischer Zeit gebräuchlich. Sie kommen vereinzelt auf der Vorderseite des Kreuzes der Essener Äbtissin Theophanu (1039–56) vor

Abb. 72   Vorderseite der Essener Pax-Tafel aus dem mittleren 11. Jahrhundert. – Münsterschatz Essen. – H. 13 cm.

227 Zastrow u. de Meis (Anm. 25) 31 f. Taf. 26. – Die Rückseite des Kreuzes von Brescia ist zudem mit Perldrahtrosetten verziert, die auch auf einer goldenen Zierscheibe des 11. Jahrhunderts aus dem Iran (Jenkins u. Keene [Anm. 225] 52 f. Nr. 24) und auf fatimidischen Ohrringen im Schatz des 11. Jahrhunderts von Tiberias vorkommen (N. Brosh, Islamic Jewelry. Kat. Jerusalem [1987] 2).
228 Stenberger (Anm. 219) 21 ff. Abb. 170.
229 Küppers u. Mikat (Anm. 7) Taf. 6.

Abb. 73   Rückseite des Dionysius-Kreuzes aus Enger, um 1100. – Berlin (West), Staatliche Museen Preußischer Kulturbesitz,
Kunstgewerbemuseum. – H. 22,1 cm.

(Abb. 71)[230] sowie auf der Vorderseite der – angesichts übereinstimmender Schmuckformen – sicherlich gleichzeitigen Pax-Tafel (Abb. 72)[231] und schließlich sogar noch auf der Rückseite des um 1100 geschaffenen Dionysius-Kreuzes von Enger (Abb. 73)[232].

Demnach zählen die Perldrahtherzen mit geklammerter Stengelblüte zu den jüngsten Verzierungselementen der Kronenplatten, die für eine Entstehung des Kronreifs in frühsalischer Zeit sprechen.

C. Ergebnisse einer Stilanalyse der Kronenplatten

Der Zeitpunkt, zu dem die Platten der Reichskrone entstanden sind, läßt sich am besten mit Hilfe einer chronologisch geordneten Tabelle (Tabelle 1) bestimmen, in der die Verzierungselemente ihrer Vorder- und Rückseiten ebenso eingetragen sind wie deren Vorkommen bei anderen, sicher oder halbwegs gut datierbaren Goldschmiedearbeiten des 9. bis ausgehenden 11. Jahrhunderts. Auf diese Weise wird in den waagerechten Spalten die »Lebensdauer« der einzelnen Schmuckformen innerhalb der gewählten Zeitspanne sichtbar, während die senkrechten Spalten die Anzahl jener Details anzeigen, in denen die jeweiligen Vergleichsstücke mit den Kronenplatten übereinstimmen.

Aus dieser Tabelle geht hervor, daß der Kronreif zwar viele altertümliche und zudem langlebige Zierformen besitzt (Tabelle 1, a–f, k, q), aber auch solche, die in Deutschland nicht vor dem frühen 11. Jahrhundert verwendet wurden (Tabelle 1, l–n, q–s). Einige Elemente sind sogar erst bei Goldschmiedearbeiten der Salierzeit nachweisbar, nämlich Krallenfassungen in Verbindung mit freitragenden Goldkugeln, Edelsteine in einfacher Krallenfassung, Diagonalkreuze aus tropfenförmigen Rubinen mit nach außen weisenden Spitzen, Herzornamente aus Perldraht mit einer geklammerten Stengelblüte und aufgewölbte Senkschmelzplatten mit der Darstellung menschlicher Figuren (Tabelle 1, h–i, o–p, t–u). Besonders auffällig ist die Tatsache, daß die Kronenplatten zwar manche Ähnlichkeit mit Werken der ausgehenden Karolingerzeit wie etwa mit dem Codex Aureus von St. Emmeram und mit dem Berengar-Kreuz in Monza (Tabelle 1, 3–4) besitzen[233], aber kaum eine mit Arbeiten aus frühottonischer Zeit, denen sie allenfalls in jeweils einem einzigen Detail gleichen (Tabelle 1, 5–18). Das gilt insbesondere für das Ältere Mathildenkreuz in Essen (Tabelle 1, 7), das bisher stets als Beweis für das angeblich ottonische Alter der Kronenplatten angeführt wurde. Die Ähnlichkeit zwischen ihnen beschränkt sich aber lediglich auf die Anordnung von Perlen und Edelsteinen (Tabelle 1, d), also auf ein Element, das überaus langlebig und deshalb für Datierungszwecke völlig ungeeignet ist.

Erst seit der Jahrtausendwende, also in der Regierungszeit Heinrichs II., entstanden Goldschmiedearbeiten, die mit den Kronenplatten in drei bis vier Merkmalen übereinstimmen, wie etwa der Codex latinus Monacensis 4454 und die Sternfibeln vom Mainzer Domchor oder auch der Tragaltar Kaiser Heinrichs II. (Tabelle 1, 14, 21, 24). Besonders große stilistische Übereinstimmungen bestehen zwischen den Kronenplatten und dem Kronenkreuz (Tabelle 1, 25), das eine Mittelstellung zwischen diesen und dem Reichskreuz Konrads II. einnimmt (vgl. Abb. 82), sowie mit dem Mainzer Loros der Kaiserin Agnes aus dem zweiten Drittel des 11. Jahrhunderts (Tabelle 1, 35). Selbst im späten 11. Jahrhundert entstanden noch Goldschmiedearbeiten – wie zum Beispiel das Dionysius-Kreuz von Enger oder das Evangeliar von Vercelli (Tabelle 1, 54, 58) –, die den Kronenplatten in drei Details gleichen und demnach mit ihnen sogar enger verbunden sind als etwa die Zimelien aus der zweiten Hälfte des 10. Jahrhunderts. Da grundsätzlich nicht die ältesten, sondern die jüngsten Bestandteile das Alter eines Gegenstandes bestimmen, wird derart deutlich, daß der Kronreif keinesfalls im 10. Jahrhundert, sondern erst im frühen 11. Jahrhundert entstanden sein kann.

230 Ebd. Taf. 21–22.
231 Ebd. Taf. 31. – Schnitzler (Anm. 17) Taf. 124.
232 Brepohl (Anm. 101) Abb. 32.2.
233 Auf die Wirksamkeit karolingischer Traditionen in der Verzierung und Gestaltung der Reichskrone wies auch schon P. Metz hin (P. Metz, Das Kunstgewerbe von der Karolingerzeit bis zum Beginn der Gotik. In: H. Th. Bossert [Hg.], Geschichte des Kunstgewerbes 5 [1952] 227).

Das Miteinander von sehr altertümlichen Zierformen einerseits und von »modernen« andererseits ist keineswegs nur für den Kronreif, sondern eigentlich für alle Werke der Goldschmiedekunst charakteristisch. Das bestätigt zum Beispiel eine Analyse der Verzierungselemente des Kronenkreuzes (Tabelle 2) und des Reichskreuzes (Taf. E), welches durch die Inschrift Kaiser Konrads II. sicher in die frühe Salierzeit datiert ist (Tabelle 3). Gerade die engen stilistischen Verbindungen des Kreuzes mit dem Tragaltar (Taf. D) Kaiser Heinrichs II. (1014–24) bezeugen, daß die Goldschmiedekunst der spätottonischen Zeit beim Regierungsantritt Konrads II. nicht abrupt endete, sondern noch weiterwirkte. Aus diesem Grund kann man auch nicht völlig ausschließen, daß der Kronreif schon in den letzten Regierungsjahren Heinrichs II. angefertigt worden sein könnte. Allerdings wird man angesichts der Existenz einiger typisch salierzeitlicher Schmuckformen wohl doch davon ausgehen dürfen, daß die Platten der Reichskrone erst zur Zeit Konrads II. entstanden sind.

Bei der Analyse aller Verzierungselemente kamen viele Indizien dafür zutage, daß die Kronenplatten von einem Goldschmied hergestellt wurden, der entweder aus Byzanz oder Italien stammte, zumindest aber ganz in der Tradition der dortigen Goldschmiedekunst gearbeitet hat. Darauf deutet die Bevorzugung von Schmuckformen hin, welche im byzantinischen Kunsthandwerk seit alters her gebräuchlich waren, aber erst im Laufe des 11. Jahrhunderts von deutschen Goldschmieden übernommen worden sind (Tabelle 1,c,g–i,m,o–q,t). Dies dürfte auch die Ursache dafür sein, daß die Kronenplatten im Vergleich zum Reichskreuz Kaiser Konrads II. einen archaischeren und fremdartigeren Eindruck machen. Zu den mediterranen Elementen gehören die tragenden Goldblechsäulchen, die Fassung aufgesteckter Perlen in einem offenen Perldrahtring und von Edelsteinen mit vier einfachen Drahtkrallen, die Verwendung freitragender Goldkugeln, die Perldrahtumrandung ausgeschnittener Flächen, die Randeinfassung mit Ringdreiecken, die Verzierung mit Perldraht-Tropfen und die Anbringung von bogenförmigen Senkschmelzplatten ohne Perldrahtumrandung, aber mit stark aufgewölbter Oberfläche und der Darstellung alttestamentarischer Könige, die eine Chlamys mit tablion-artigem Stoffeinsatz tragen. Der byzantinisch-italische Einfluß macht sich ferner in der gitterförmigen Anordnung von Perlen und Edelsteinen auf Stirn- und Nackenplatte sowie in dem Doppelkreuzmotiv im Zentrum der Schläfenplatten bemerkbar.

Zu den besonderen Erkennungszeichen des »Meisters der Kronenplatten« gehört seine Vorliebe für Kugelpyramiden, mit denen er nicht nur einzelne Goldblechröhrchen, sondern auch Golddrahtkreuze und aufgestiftete Perlen verziert hat.

III. DER KRONENBÜGEL

Von der Stirn- zur Nackenplatte des Kronreifs spannt sich ein kammartiger Hochbügel (Taf. 12–13), der in keinem einzigen Verzierungs-Detail mit den Kronenplatten oder dem Kronenkreuz übereinstimmt. Seinen unteren Zierstreifen schmücken abwechselnd Perlen, geschliffene ovale Rubine und rechteckige Smaragde in perldrahtumrandeten glatten Zargenfassungen, welche von bogenförmigen Perldrähten umrahmt werden. Die aus acht durchbrochenen Goldblechen gearbeiteten Lappen des Kammes[1] weisen eine Umrandung aus aufgefädelten Perlen auf. Im oberen Bogenfeld sitzt jeweils eine Lilie aus Perldraht.

---

[1] Bei der mikroskopischen Untersuchung des Kronenbügels entdeckte Frau Maiken Fecht, Goldschmiedin und Restauratorin am Römisch-Germanischen Zentralmuseum Mainz, auf dem Goldgrund der Lappen die Reste zerfallenen Emails.

Den unteren Bereich füllen je zwei bis höchstens drei Buchstaben der aus aufgefädelten Perlen gebildeten lateinischen Inschrift: CHVONRADVS DEI GRATIA ROMANORV(M) IMPERATOR AVG (VSTVS). Daß sich diese Inschrift nur auf Konrad II. beziehen kann, weil Konrad I. und Konrad III. niemals zum Kaiser gekrönt worden sind, wurde schon eingangs erwähnt. Demnach ist der Kronenbügel frühestens 1027, also im Jahre der Kaiserkrönung Konrads II., angefertigt worden. Ohne die Kenntnis dieses historischen Datums wäre eine Zeitbestimmung des Kronenbügels nicht ganz einfach, denn die meisten seiner Schmuckformen waren recht langlebig. Das gilt für die Fassungen der Perlen und Edelsteine[2] ebenso wie für den regelmäßigen Wechsel der Perlen, Rubine und Smaragde[3]. Selbst die Bögen aus aufgefädelten Perlen finden sich schon auf der Stirnseite des Andreas-Tragaltares in Trier (977–993)[4] und auf einer byzantinischen Buckelfibel des frühen 11. Jahrhunderts aus Ungarn[5]. Immerhin läßt sich der Kronenbügel aber durch die verschwenderische Fülle aufgefädelter Perlschnüre, die an das Reichskreuz Konrads II. (Taf. E) erinnern[6], als ein Werk der Salierzeit erkennen.

Da sich der Bügel nicht nur in seinen Verzierungsformen, sondern auch im Karatgehalt des Goldes[7], im Schliff der Edelsteine und in den Perldrahtstärken[8] von Kronreif und Stirnkreuz unterscheidet, muß er von anderer Hand und könnte auch zu einem anderen Zeitpunkt als jene geschaffen worden sein.

Der Bügel setzt die Existenz des Kronreifs voraus, für den offensichtlich von Anfang an ein Hochbügel vorgesehen war. Das ist schon daraus ersichtlich, daß die Einsteckhülsen für den Bügel mit dem gleichen Perldraht umrandet sind (Abb. 61, 74), der zur Verzierung der Rückseiten verwendet wurde, und auch aus dem Umstand, daß dieser Perldraht keine Verletzungen aufweist, die von nachträglichen Veränderungen stammen könnten[9]. Ob der heutige Bügel der Ersatz für einen älteren war, wie es H. Fillitz vermutet[10], läßt sich nicht mit Sicherheit klären. Falls die Kronenplatten schon in den letzten Regierungsjahren Kaiser Heinrichs II. entstanden sein sollten, was nicht völlig auszuschließen ist, dann hat der Kronreif mutmaßlich einen Bügel mit dessen Namen getragen. Denkbar wäre aber auch, daß Konrad II. sich nach der Königskrönung in Mainz (1024) eine neue, eigene Krone anfertigen und vorsorglich bereits mit Einsteckhülsen für einen Hochbügel versehen ließ. Diesen konnte er freilich erst nach der Kaiserkrönung in Rom (1027) auf der Krone anbringen lassen, weil das Recht, einen Hochbügel zu tragen, ausschließlich dem Kaiser vorbehalten war[11].

2 Gleichartige Zargenfassungen finden sich schon auf dem Codex Aureus von Echternach und auf dem Buchdeckel des hl. Gauzelin aus dem 10. Jahrhundert (F. Steenbock, Der kirchliche Prachteinband im frühen Mittelalter [1965] Abb. 45 und 60), aber auch noch auf dem Perikopenbuch Heinrichs II. und dem Evangeliar der Äbtissin Theophanu (1039–56) oder dem um 1100 entstandenen Buchdeckel von Freckenhorst (Steenbock, ebd. Abb. 71, 86 und 112).

3 Vgl. u. a. den Kelch des hl. Gauzelin aus dem mittleren 10. Jahrhundert (L. Grodecki, F. Mütherich, J. Taralon u. F. Wormald, Die Zeit der Ottonen und Salier [1973] Abb. 283), den Fußschmuck des Andreas-Tragaltares in Trier (ebd. Abb. 288), den Bucheinband mit Christus und Maria Orans sowie der Kristall-Schale des späten 10./ frühen 11. Jahrhunderts im Schatz von San Marco zu Venedig (M. E. Frazer, Byzantinische Email- und Goldschmiedekunst. In: H. Hellenkemper [Hg.], Der Schatz von San Marco in Venedig. Kat. Köln [1984] 160 ff. Nr. 14), den Buchdeckel Christi auf dem Uta-Buchkasten der Zeit um 1020 (Steenbock [Anm. 2] Nr. 59 Abb. 79), das Reliquiar mit der Krone in Stockholm (A. Weixlgärtner, Das Reliquiar mit der Krone im Staatlichen Historischen Museum zu Stockholm. Kungl. Vitterhets Hist. och. Antikv. Akad. Handlingar. Antikv. Ser. 1, 1954, Abb. 37–42) oder auch das Evangeliar der Äbtissin Theophanu (1039–56) in Essen (Steenbock [Anm. 2] Abb. 86).

4 H. Westermann-Angerhausen, Die Goldschmiedearbeiten der Trierer Egbertwerkstatt. Beih. Trierer Zeitschr. 36, 1973, Abb. 4.

5 M. Rosenberg, Geschichte der Goldschmiedekunst auf technischer Grundlage. Granulation (1918) Abb. 26. – M. Schulze-Dörrlamm, Der Mainzer Schatz der Kaiserin Agnes aus dem mittleren 11. Jahrhundert (1991) 49 Abb. 29.

6 H. Fillitz, Die Schatzkammer in Wien (1986) Taf. 5–6.

7 A. Weixlgärtner, Die weltliche Schatzkammer in Wien. Jahrb. Kunsthist. Samml. Wien 1, 1926, 22. – H. Decker-Hauff, »Die Reichskrone«, angefertigt für Kaiser Otto I. In: P. E. Schramm, Herrschaftszeichen und Staatssymbolik 2 (1955) 567. – G. J. Kugler, Die Reichskrone (2. Aufl. 1986) 21.

8 Freundliche Mitteilung von Frau Maiken Fecht, RGZM Mainz.

9 H. Fillitz, Die Krone des Heiligen Römischen Reiches. Zur Rekonstruktion der ursprünglichen Form. In: Studien zur Buchmalerei und Goldschmiedekunst des Mittelalters. Festschr. K. H. Usener (1967) 21.

10 Fillitz (Anm. 9) 25 Anm. 22. – Ders., Die Reichskleinodien (1954) 52. – Ders. (Anm. 6) 166.

11 G. Haupt, Die Reichsinsignien (1939) 18. – P. E. Schramm, Über die Herrschaftszeichen des Mittelalters. Münchner Jahrb. Bildende Kunst 3. Folge 1, 1950, 51.

Im Gegensatz zu dem wahrscheinlich aus Südeuropa stammenden »Meister der Kronenplatten« könnte jener Goldschmied, der mit der Herstellung des Bügels beauftragt wurde, durchaus ein Deutscher gewesen sein. Womöglich gehörte er jener Werkstatt an, in der auch das Reichskreuz für Konrad II. geschaffen worden ist. Auf jeden Fall hat sich dieser Goldschmied bemüht, Bügel und Krone trotz aller Unterschiede im Detail harmonisch miteinander zu verbinden. In den acht bogenförmigen Lappen des Bügelkammes wiederholen sich nämlich Zahl und Gestalt der acht Bogenplatten des Kronreifs.

Zu Unrecht gilt der Kronenbügel heute allgemein als der jüngste Bestandteil der Reichskrone. Die Seitenansicht der Krone (Taf. 2) läßt deutlich erkennen, daß die Bögen des Bügels keine Rücksicht auf das Stirnkreuz nehmen. Sie wölben sich vielmehr an den Außenkanten so weit vor, daß das Kreuz nicht gerade stehen kann, sondern leicht vornüber kippt. Eine so unschöne Konstruktion hätte wohl jeder Goldschmied vermieden, wenn das Stirnkreuz bereits vorhanden oder vorgesehen gewesen wäre. Demnach dürfte der Kronenbügel älter sein als das Kronenkreuz.

IV. DAS KRONENKREUZ

Das kleine lateinische Kreuz auf der Stirnplatte hat den gleichen Karatgehalt wie die acht Platten des Kronreifs[1] und ist auf der Vorderseite ebenfalls mit Perlen sowie mit polierten Saphiren, Amethysten und Smaragden geschmückt. Allerdings trägt es anderen Goldzierat und zum Teil auch andere Fassungen. Auf seiner Rückseite zeigt es das eingravierte und niellierte Bildnis des Gekreuzigten (Taf. 11).

Im Unterschied zum Kronenbügel besitzt das Kreuz keine eigene Scheide, sondern steckt mit seinem lamellenförmigen Schaft aus dünnem Goldblech zwischen dem obersten Saphir der Stirnplatte und der Bügel-Scheide (Taf. 1, Abb. 74). Solange sich der ursprünglich vorhandene große Edelstein in der obersten Fassung befunden hat, bei dem es sich vermutlich um den berühmten »Waisen« handelte[2], war das Kreuz recht gut gesichert. Als man dort jedoch ersatzweise einen kleineren herzförmigen Saphir einsetzte, verlor es seinen Halt. Aus diesem Grund hat man wohl den Kreuzschaft mit Goldblech umwickelt und eine Kralle der Edelsteinfassung abgesägt, um sie auf den Schaft des Kreuzes zu löten (Abb. 75). Auf diese Weise kann die Kralle in das obere Loch des durchbohrten Saphirs greifen und den festen Sitz des Kreuzes gewährleisten.

Die behelfsmäßige Befestigungsart des Stirnkreuzes, die man durchaus unfachmännisch nennen könnte, ist ein Indiz dafür, daß das Kreuz nicht von Anfang an vorhanden, sondern eine nachträgliche Zutat war[3]. Darauf deutet auch die starke Vorwölbung der vorderen Bügelkante hin, die bewirkt, daß das Stirnkreuz nicht gerade stehen kann, sondern vielmehr leicht nach vorn kippt.

Während O. von Falke das Kronenkreuz seinerzeit aus stilistischen Gründen noch für zeitgleich mit den Platten und dem Bügel Konrads II. gehalten hatte[4], ist dessen Alter mittlerweile fast ebenso umstritten

1 H. Decker-Hauff, »Die Reichskrone«, angefertigt für Kaiser Otto I. In: P. E. Schramm, Herrschaftszeichen und Staatssymbolik 2 (1955) 567.
2 Zur Diskussion darüber, ob sich der sogenannte »Waise«, ein kostbarer Milchopal, auf der Stirn- oder der Nackenplatte befunden hat, vgl. F. Ranke, Der Waise in der deutschen Krone. Mitt. Inst. Österr. Geschichtsforschung 58, 1950, 735 ff. – P. E. Schramm, Der »Waise« in der Wiener Krone. In: P. E. Schramm, Herrschaftszeichen und

Staatssymbolik 3 (1956) 803 ff. – G. Wolf, Der »Waise«. Bemerkungen zum Leitstein der Wiener Reichskrone. Deutsches Archiv 41, 1985, 39 ff. – R. Staats, Theologie der Reichskrone (1976) 75 ff. – G. J. Kugler, Die Reichskrone (2. Auflage 1986) 27 ff.
3 Decker-Hauff (Anm. 1) 565.
4 O. von Falke, Der Mainzer Goldschmuck der Kaiserin Gisela (1913) 21.

Tabelle 2 Das Kreuz der Reichskrone	9. Jh. n. Chr.			
	Volvinus-Altar in Mailand, 824-835	Codex Aureus von St. Emmeram, um 870	Kelch und Patene des Hl. Gauzelin	Byz. Ohrringe aus der Zeit des Joh. Tzimisces, 969-976
	1	2	3	4
a Goldkügelchen im Perldrahtring	●	●		
b Ranke mit Kolbenblüte			●	
c Aufgesteckte Perle im offenen Perldrahtring				●
d Kapitell-Arkaden				
e Gelochte Trommeln mit Filigrandrahtringen				
f Edelsteinfassung aus freitragenden Goldkugeln und dreifingrigen Krallen				
g Kegel aus glattem Golddraht				

● gleiche Form   ○ ähnliche Form

Column legend (top headers, rotated):

27	Löwenring aus Mainz
28	Dreitrommelohrring aus Mahnau, um 1034
29	Fingerring des Erzbischofs Aribo von Mainz, gest. 1031

Heinrich III.

30	Kreuz der Äbtissin Theophanu, 1039-56
31	Buchdeckel der Äbtissin Theophanu, 1039-56
32	Brustbehang (Loros) aus Mainz
33	Adler-Pfauenfibel aus Mainz
34	Tragaltar der Gräfin Gertrud, um 1045
35	Halbmondohrringe aus Mainz
36	Ovalfibel von Nylarsker
37	Buckelfibel mit Trommelkranz aus Mainz
38	Die Towneley Brooch
39	Buckelfibel mit Trommelkranz aus Hasselt
40	Buckelfibel mit Perlrand aus Mainz
41	Fingerring aus dem Schatz von Dinogetia, T. p. 1057/59
42	Vorderseite der Essener Pax-Tafel
43	Reliquiar mit der Krone, Stockholm

Heinrich IV.

44	Krone des Kunigunden reliquiars, 1063-64
45	Fingerring des Adalbero von Metz (vor 1072)
46	Osnabrücker Kapitelkreuz, um 1070
47	Heinrichskreuz, Fritzlar
48	Hezilokreuz, vor 1079
49	Armreliquiar des Hl. Sigismund
50	Kreuz von Gandersheim, um 1070
51	Dionysius-Kreuz von Enger, um 1100
52	Evangeliar des Hl. Lebuinus, 11./12. Jh.
53	Evangeliar von Helmarshausen, um 1100
54	Kelch der Doña Urraca, Ende 11. Jh.

Distribution matrix (● = filled, ○ = open):

27	28	29	30	31	32	33	34	35	36	37	38	39	40	41	42	43	44	45	46	47	48	49	50	51	52	53	54
●			○									●					●		○		●				●		
				●		●											●	●	●		●						
			●							●					●					●						●	●
										●							○								●		
●					●		●									●											●
					●		●																				
										●													●	●			
						●		●			●			●							●						
●																				●							
		●																			○						
															●					●							
								●			●																
			●				●	●		●		●	●							●	●			●			
									●													●					
	●																										

Abb. 74 Rückseiten der Stirnplatte sowie der Salomon- (links) und Pantokratorplatte (rechts) des Kronreifs. –
Kunsthistorisches Museum Wien.

Abb. 75   Schrägansicht des Kronenkreuzes. – Kunsthistorisches Museum Wien. – H. 9,9 cm.

wie das des Kronreifs. A. Weixlgärtner[5] sowie P. Metz und F. Sprater[6] hielten Kreuz und Bügel gleichermaßen für Zutaten Konrads II. zu dem vermeintlich älteren Kronreif. H. Fillitz vertrat 1953 dann als erster die Ansicht, daß das Stirnkreuz stilistisch zwischen dem älteren, »ottonischen« Kronreif und dem Bügel Kaiser Konrads II. stünde, daß es zudem um 1000 anstelle einer »Lilie« aus Kolbenperlen (Abb. 76) auf der Stirnplatte befestigt worden sei[7]. Einen noch extremeren Standpunkt nahm kurz darauf H. Decker-Hauff ein, der das kleine Kreuz, das ja den gleichen Karatgehalt wie die Kronenplatten aufweist, für das Brustkreuz Kaiser Ottos I. hielt[8]. Diesem Kreuz habe man zur Zeit Konrads II. – vermutlich in Regensburg – eine neue Rückseite mit dem niellierten Bildnis des Gekreuzigten eingepaßt und es dann auf der Stirnplatte des Kronreifs befestigt. Dieser Hypothese trat H. Fillitz 1967 jedoch entgegen, indem er betonte, daß das Kreuz stets einen Schaft besessen habe und deshalb niemals ein Brustkreuz gewesen sein könne[9]. Seiner Meinung nach wurde die Rückseite, deren niellierte Darstellung von gleicher Art ist wie die Niellos auf der Rückseite des Reichskreuzes (vgl. Abb. 81), niemals erneuert. Dies ist auch wegen des Niets im unteren Bereich des Kreuzstammes unmöglich[10], der Vorder- und Rückseite fest miteinander verbindet.

H. Fillitz widerrief in seinem Artikel von 1967 seine ursprünglich geäußerte Vermutung, daß das Kreuz ein Ersatz für aufgestiftete Kolbenperlen gewesen sei[11]. Bei einer Überprüfung der Perldrähte auf den

5 A. Weixlgärnter, Die »weltliche« Schatzkammer in Wien. Jahrb. Kunsthist. Samml. Wien 1, 1926, 50.

6 P. Metz, Das Kunstgewerbe von der Karolingerzeit bis zum Beginn der Gotik. In: Th. Bossert, Geschichte des Kunstgewerbes aller Zeiten und Völker 5 (1932) 225. – F. Sprater, Die Reichskleinodien in der Pfalz (1942) 24.

7 H. Fillitz, Studien zur Römischen Reichskrone. Jahrb. Kunsthist. Samml. Wien 50, 1953, 28 ff.

8 Decker-Hauff (Anm. 1) 567.

9 H. Fillitz, Die Krone des Heiligen Römischen Reiches. Zur Rekonstruktion der ursprünglichen Form. In: Studien zur Buchmalerei und Goldschmiedekunst des Mittelalters. Festschr. K. H. Usener (1967) 21 ff. Anm. 19.

10 Auf die Bedeutung dieses Niets wies mich Frau Fecht, Restauratorin am RGZM Mainz, bei der Untersuchung des Kronenkreuzes freundlicherweise hin.

11 Fillitz (Anm. 9) 21 ff.

Abb. 76 Rekonstruktion der »ottonischen« Reichskrone mit aufgesteckten »Lilien« aus Perlen und Edelsteinen
(Entwurf: H. Decker-Hauff).

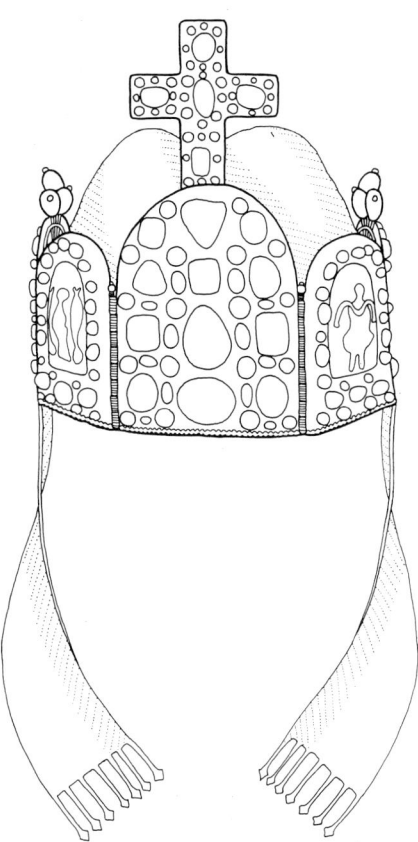

Abb. 77 Rekonstruktion der Reichskrone mit Stirnkreuz, »Lilien« und bandformigen Pendilien.

Rückseiten der Kronenplatten hatte er feststellen können, daß die Stirnplatte keine nachträglichen Veränderungen erfahren und deshalb auch niemals kleine Hülsen für Kolbenperlen – wie sie die Nacken- und Schläfenplatten tragen – besessen hat. Er schloß daraus, daß die Reichskrone ähnlich wie die auf der Marienikone des frühen 8. Jahrhunderts von Sta. Maria Trastevere (Taf. N) dargestellte byzantinische Plattenkrone stets ein Stirnkreuz (Abb. 77) gehabt habe[12]. Allerdings blieb er bei seiner Meinung, daß das Kreuz älter als der Kronenbügel sei, datierte es aber nunmehr in die Zeit um 1020, also in die Regierungszeit Kaiser Heinrichs II.[13]

Während H. Trnek diese Datierung übernahm[14], vertreten V. H. Elbern[15] und E. Hürkey[16] mittlerweile die Ansicht, daß das Stirnkreuz doch aus der Zeit Konrads II. stammen dürfte. Den Untersuchungen Hürkeys zufolge gehört das Bildnis des Gekreuzigten nämlich in eine Gruppe von Darstellungen mit dem sogenannten »Fuldaer Schurz«, welche zwischen 1020 und 1050 einzuordnen und seiner Meinung nach in Fulda entstanden seien.

Daß das Kronenkreuz tatsächlich aber aus frühsalischer Zeit stammt, belegt die Kombinationstabelle seiner Verzierungselemente ziemlich eindeutig (Tabelle 2). Natürlich weist es ebenso wie die Kronenplatten auch einige langlebige Zierformen auf, die für eine Feindatierung ungeeignet sind (Tabelle 2, a–d), nämlich Goldkügelchen mit Perldrahtring, Filigranranken mit Kolbenblüte, Kapitell-Arkaden und die herkömmliche Anordnung von Perlen und Edelsteinen (vgl. Tabelle 1, d–e). Immerhin bezeugen aber die auf einen Draht gesteckten Perlen im offenen Perldrahtring, die bis gegen Ende des 10. Jahrhunderts nur in der byzantinischen Goldschmiedekunst gebräuchlich gewesen sind, daß das Stirnkreuz in Deutschland nicht vor der Jahrtausendwende angefertigt worden sein kann (Tabelle 2,c). Ein weiterer Hinweis darauf sind die gelochten, mit Perldraht umrandeten Trommelwände der Perlfassungen (Tabelle 2,e). Diese treten erstmals auf dem Evangeliar Ottos III. Clm 4453 der Zeit um 1000 (vgl. Abb. 37) auf[17] und unterscheiden sich deutlich von vergleichbaren Fassungen des Andreas-Tragaltares in Trier (977–993), die zwar ebenfalls mit Perldrahtringen verziert, aber noch nicht durchlocht gewesen sind[18]. Die weitaus meisten Goldschmiedearbeiten mit gelochten und perldrahtberingten Trommelwänden stammen jedoch erst aus salischer Zeit, wie der Dreitrommelohrring aus dem nach 1034 vergrabenen Schatz von Mahnau (Abb. 78, 34)[19], der Buchdeckel der Essener Äbtissin Theophanu (1039–56)[20], das Kapitelkreuz von Osnabrück (vgl. Abb. 25) aus der Zeit um 1070[21] oder das um 1100 entstandene Evangeliar von Helmarshausen (vgl. Abb. 49)[22].

Einen entscheidenden Hinweis auf das wahre Alter des Kronenkreuzes gibt die Fassung des Saphirs in der Kreuzmitte, die aus zwei durch freitragende Goldkugeln miteinander verbundenen Perldrahtringen

12 Fillitz (Anm. 9) 21 ff. Abb. 2. – Vgl. die darauf aufbauende Rekonstruktion des ursprünglichen Zustandes der Reichskrone von P. E. Schramm (P. E. Schramm, Die sächsischen Kaiser im Lichte der Staatssymbolik. In: Kaiser, Könige und Päpste 3 [1969] 164 ff. Abb. 1–2).

13 Fillitz (Anm. 9) 22. – Ders., Die Schatzkammer in Wien (1986) 165.

14 H. Trnek, Die Reichskrone. In: Weltliche und Geistliche Schatzkammer. Bildführer Kunsthistorisches Museum Wien (1987) 148 f.

15 V. H. Elbern, Goldschmiedekunst im frühen Mittelalter (1988) 107.

16 E. Hürkey, Das Bild des Gekreuzigten im Mittelalter (1983) 113 ff. Nr. 329.

17 F. Steenbock, Der kirchliche Prachteinband im frühen Mittelalter (1965) Nr. 43 Abb. 61. – K. Dachs u. E. Klemm, Thesaurus Librorum. Kat. München (1983) 54 Nr. 17.

18 H. Westermann-Angerhausen, Die Goldschmiedearbeiten der Trierer Egbertwerkstatt. Beih. Trierer Zeitschr. 36, 1973, Abb. 28.

19 H. Seger, Nachträge zu den schlesischen Silberfunden der spät-slawischen Zeit. Altschlesien 3, 1931, 67 ff. Abb. 34. – Zur Datierung dieses Schatzes: M. Hausig, R. Kiersnowski u. J. Reyman, Wczesnośredniowieczne skarby srbrne z Małopolski, Ślaska, Warmii i Mazur (1966) 51 ff. Taf. IX, 34.

20 L. Küppers u. P. Mikat, Der Essener Münsterschatz (1966) Taf. 28–29.

21 W. Borchers, Der Osnabrücker Domschatz (1974) 36 ff. Taf. 8–12. – H. Westermann-Angerhausen, Westfälische Goldkreuze und ihre Voraussetzungen in Rheinland und Niedersachsen. In: Rhein und Maas. Kat. Köln (1973) 187 f. Abb. 12–15. – Th. Jülich, Gemmenkreuze. Aachener Kunstbl. 54/55, 1986/87, 134 ff. Abb. Abb. 8–9. – Ornamenta Ecclesiae. Kat. Köln 3 (1985) 103 f. Nr. H 25. – Hürkey (Anm. 16) Nr. 246.

22 Steenbock (Anm. 17) Nr. 79 Abb. 107. – Ornamenta Ecclesiae. Kat. Köln 1 (1985) 443 Nr. C 20. – Kunst und Kultur im Weserraum. Kat. Corvey (1966) 491 f. Abb. 216. – A. Legner, A. u. I. Hirmer, Deutsche Kunst der Romanik (1982) Abb. 381–382.

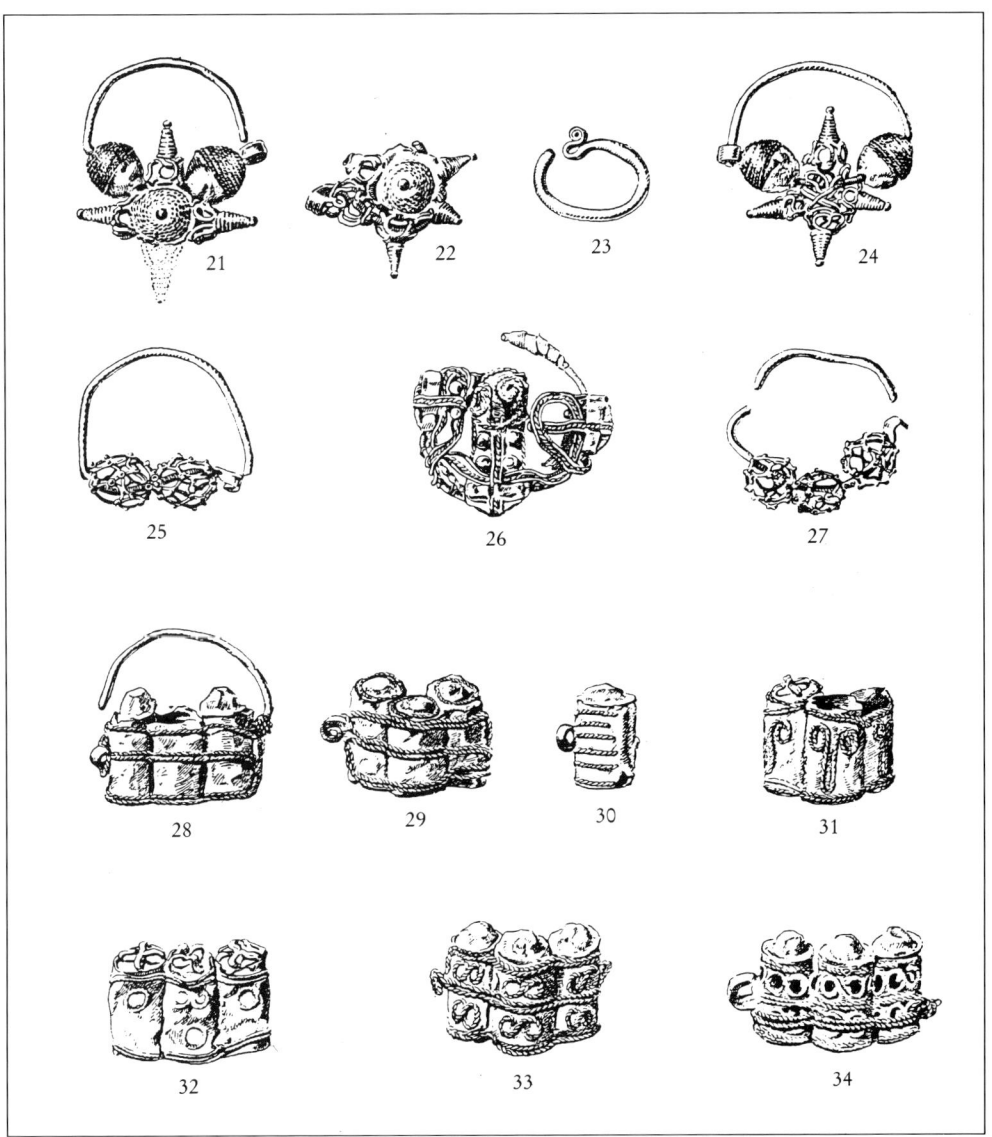

Abb. 78 Einige slawische Silberohrringe aus dem Schatzfund von Mahnau (heute: Maniów), vergraben nach 1034 (nach Seger). – M = ca. 1:1.

und dreifingrigen Goldkrallen besteht (vgl. Abb. 75). Solche Fassungen findet man lediglich auf den Platten der Reichskrone sowie bei den Goldfibeln aus Minden und Schleswig (vgl. Abb. 26–27), die wegen ihrer dicht aneinandergereihten Perlschnüre in die Nähe des Reichskreuzes und damit in die Zeit Konrads II. zu verweisen sind (Tabelle 2,f)[23]. Dagegen kommen die Fassungen einiger Edelsteine auf dem Tuotilo-Buchdeckel von St. Gallen[24] nicht als Parallelen in Betracht, weil deren Krallen auf einer breiten Goldblechzarge sitzen und weil anstelle freitragender Goldkugeln nur ein dicker Perldraht für die Fassung verwendet worden ist.

23 H. Westermann-Angerhausen, Ein ottonisches Schmuckstück aus dem Rheinland in Schleswig. Beitr. Schleswiger Stadtgesch. 22, 1977, 7ff. Abb. 1–3. – H. Westermann-Angerhausen, Die Mindener Gold-Fibel. In: Ausgrabungen in Minden. Kat. Münster (1987) 185ff. – M. Schulze-Dörrlamm, Der Mainzer Schatz der Kaiserin Agnes aus dem mittleren 11. Jahrhundert (1991) 36.45 Abb. 18 und 26.

24 J. Duft und R. Schnyder, Die Elfenbein-Einbände der Stiftsbibliothek St. Gallen (1984) 84ff. Taf. 14–15.

Zu den jüngsten und typisch salierzeitlichen Schmuckformen des Stirnkreuzes gehören außerdem die kleinen Kegel aus glattem Golddraht. Diese niedrigen stumpfen Golddrahtkegel kommen – im Unterschied zu den hohen, steilen Silberdrahtkegeln (vgl. Abb. 78, 24) slawisch-byzantinischer Ohrringe des späten 10. und 11. Jahrhunderts[25] – nur auf dem Reichskreuz Konrads II. (Abb. 30), auf dem Armreliquiar des hl. Sigismund aus der zweiten Hälfte des 11. Jahrhunderts (Abb. 79) und auf der goldenen Ovalfibel von Nylarsker (Abb. 80) vor[26]. Diese ist wegen der gezähnten Zargenfassungen und der Wellenranken aus Zellenemail, die den gravierten Ranken auf den Halbmondohrringen vom Typ Mainz des um 1106 vergrabenen Schatzes von Runsberga gleichen, in das mittlere bis späte 11. Jahrhundert zu datieren[27].

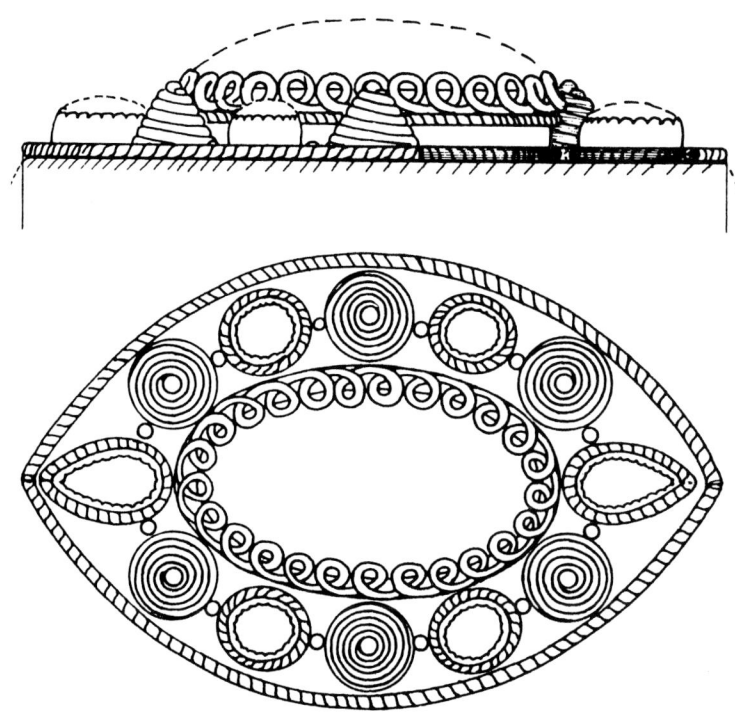

Abb. 79   Auf- und Seitenansicht einer spitzovalen Zierplatte auf dem Sockel des Armreliquiars des hl. Sigismund aus dem späten 11. Jahrhundert (nach Arenhövel). – Lg. 5,2 cm.

25 Vgl. die Schatzfunde von Dzierznice II. (T. p. 962/72) und von Psary (vergraben wahrscheinlich im 10. Jh.): J. Slaski u. S. Tabaczyński, Wczesnośredniowieczne skarby srebrne Wielkopolski (1959) Nr. 21 und 107 Taf. 5 und 20. – Die Masse der Ohrringe mit glatten Silberdrahtkegeln liegt aber in Schatzfunden des frühen bis mittleren 11. Jahrhunderts, z. B. in Dorow, vergraben nach 1002–1014 (W. Lampe, Bodendenkmalpflege in Mecklenburg 1977, 129 ff. Abb. 10), in Bronczyn, vergraben nach 1021/37 (Slaski u. Tabaczyński, ebd. 11 Abb. 2), in Oleśnica, vergraben nach 1034/55 und Sejkowice, vergraben nach 1012/34 (A. Gupiniec, T. u. R. Kiersnowski, Wczesnośredniowieczne skarby srebrne z Polski środkowej, Mozowsza i Podlasia [1965] Nr. 65 und 93 Taf. 10 und 18), in Katlunds, vergraben um 1030 (M. Stenberger, Die Schatzfunde Gotlands der Wikingerzeit II [1947] Nr. 207 Abb. 201) oder in Niederlandin, vergraben nach 1063

(J. Herrmann u. P. Donat [Hg.], Corpus archäologischer Quellen zur Frühgeschichte auf dem Gebiet der Deutschen Demokratischen Republik [7. bis 12. Jahrhundert] 3 [1978] Nr. 59/56) u. v. a. m.

26 Armreliquiar des hl. Sigismund: W. Arenhövel, Der Hezilo-Radleuchter im Dom zu Hildesheim (1975) 121 ff. Abb. 171. 359–361. – D. Kötzsche, Der Welfenschatz im Berliner Kunstgewerbemuseum (1973) 26 f. Abb. 10. – Goldfibel von Nylarsker: A. Weixlgärtner, Das Reliquiar mit der Krone im Staatlichen Historischen Museum zu Stockholm. Kungl. Vitterhets Hist. och. Antikv. Akad. Handlingar, Antikv. Ser. 1, 1954, 25 Abb. 2.

27 Zu den Ohrringen aus Runsberga: M. Stenberger, Die Schatzfunde Gotlands der Wikingerzeit I (1958) 148 Abb. 32, 2–3 und M. Schulze-Dörrlamm, Der Mainzer Schatz der Kaiserin Agnes aus dem mittleren 11. Jahrhundert (1991) 26 Abb. 8,1.

112

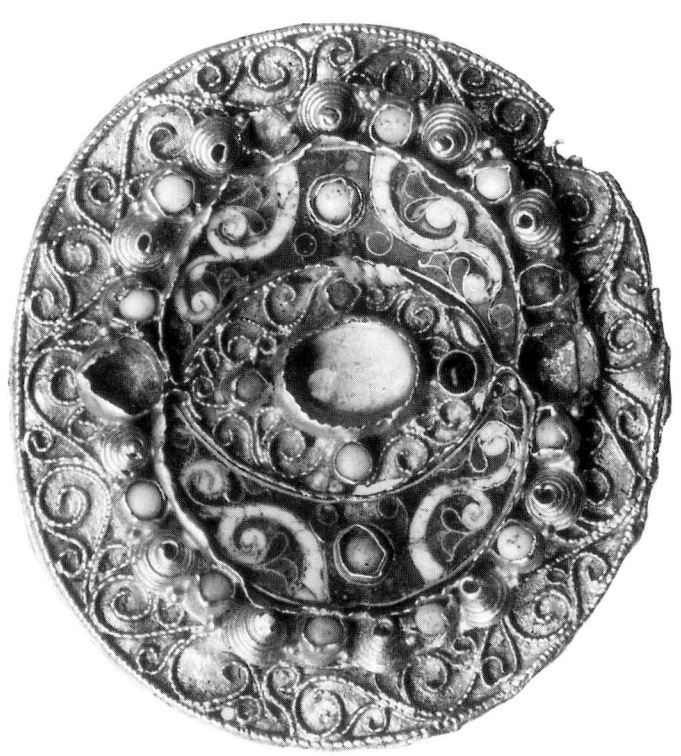

Abb. 80   Goldfibel mit Zellenschmelzeinlagen aus Nylarsker auf Bornholm aus dem mittleren Drittel des 11. Jahrhunderts. –
Nationalmuseum Kopenhagen. – M = 2:1.

Stilistisch gesehen, nimmt das Kronenkreuz eine Mittelstellung zwischen den Platten der Reichskrone, denen es ja auch in der Auswahl seiner Edelsteine gleicht, und dem Reichskreuz Konrads II. ein (Abb. 82), dem es nicht zuletzt wegen des Stils der niellierten Kreuzigungsdarstellung auf der Rückseite[28] nahesteht (vgl. Taf. 11; Abb. 81).

Da das Kronenkreuz nie eine eigene Scheide besessen hat, sondern von Anfang an provisorisch hinter den obersten Edelstein der Stirnplatte gesteckt werden mußte, kann es nur eine nachträgliche Zutat gewesen sein. Offensichtlich hat man es erst nach dem Bügel auf die Krone gesetzt, weil dessen ausbiegende Vorderkante keine Rücksicht auf das vor ihr sitzende Kreuz nimmt (vgl. Taf. 2).

Da zwischen der Anfertigung der Kronenplatten und der des Stirnkreuzes kein allzu großer zeitlicher Abstand gelegen haben kann (vgl. Tabelle 1,25 und 2,13), hat das Kreuz sicher keinen älteren Vorgänger gehabt, wie es H. Fillitz vermutete[29].

Dessen Schlußfolgerung, daß die Reichskrone von Anfang an ein Stirnkreuz getragen haben müsse, weil die Plattenkrone der Madonna auf der Ikone von Sta. Maria Trastevere aus dem frühen 8. Jahrhundert (Taf. N) bereits mit einem solchen geschmückt war[30], ist ebenfalls nicht überzeugend. Auf dieser Ikone wurde die Gottesmutter nämlich im Ornat einer byzantinischen Kaiserin und folglich mit einer byzantinischen Krone dargestellt, welche natürlich ein Stirnkreuz besaß. Daraus lassen sich allerdings keine Rückschlüsse auf die Gestalt der deutschen Kaiserkronen des 9./10. Jahrhunderts ziehen.

Obwohl die Darstellungen deutscher Kaiser und Könige auf Miniaturen und Reliefs bis zu Zeiten Heinrichs IV. niemals Kronen mit einem Stirnkreuz zeigen[31], scheinen Kreuze – den stilisierten

28 Fillitz (Anm. 7) 23. – Hürkey (Anm. 16) Nr. 329.
29 Fillitz (Anm. 9) 24f.
30 Ebd. 21ff.

31 P. E. Schramm, Die deutschen Kaiser und Könige in Bildern ihrer Zeit 751–1190, hg. von F. Mütherich (1983) Taf. 278ff.

Abb. 81 Rückseite des Reichskreuzes Kaiser Konrads II., um 1030. – Kunsthistorisches Museum Wien. – H. 77 cm.

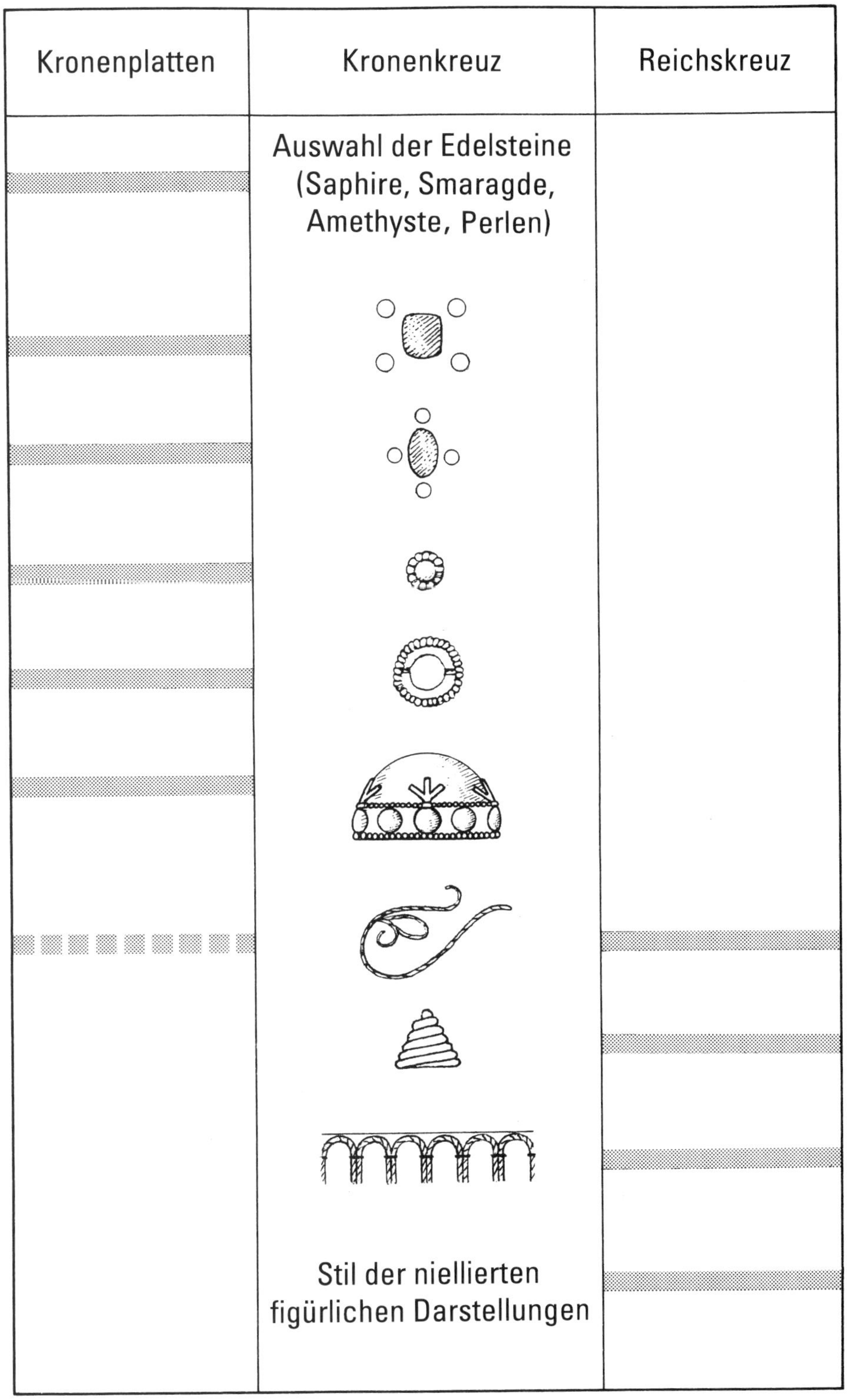

Kronenplatten	Kronenkreuz	Reichskreuz
	Auswahl der Edelsteine (Saphire, Smaragde, Amethyste, Perlen)	
	Stil der niellierten figürlichen Darstellungen	

Abb. 82 Stilistische Beziehungen des Kronenkreuzes zu den Platten des Kronreifs und zum Reichskreuz Kaiser Konrads II.

Münzbildnissen zufolge[32] – schon seit Otto III. als Kronenschmuck verwendet worden zu sein. Diese zierten aber durchaus nicht immer die Stirn, sondern oft auch die Schläfen oder gar den Scheitelpunkt des Kronenbügels, so wie es auch auf dem Bild der gekrönten »Vita« im Uta-Codex der Zeit um 1020 zu sehen ist[33].

Auf die Frage, zu welchem Zeitpunkt Konrad II. das Stirnkreuz auf seine Krone setzen ließ, geben die erhaltenen Bildnisse des Kaisers keine Antwort. Bedauerlicherweise entsprach die Skizze, die D. G. Bertoli 1739 vom Apsisfresko des im Jahre 1031 vollendeten Domes zu Aquileja angefertigt hatte und die Konrad II. mit einer gezackten Plattenkrone und einem Stirnkreuz zeigte[34], nicht dem tatsächlichen Befund. Bei der Freilegung des übermalten Freskos kam zwar eine Zackenkrone mit einem Hochbügel und aufgesteckten Edelsteinen, aber ohne Stirnkreuz zutage[35].

Also bleiben wir auf Vermutungen angewiesen. Die stilistische Verwandtschaft des Stirnkreuzes (Abb. 82) mit den Kronenplatten einerseits und mit dem Reichskreuz andererseits, das Kaiser Konrad II. um 1030 zur Aufbewahrung einer großen Kreuzpartikel stiftete[36], deutet jedoch darauf hin, daß das Kronenkreuz wohl ebenfalls zu Beginn der dreißiger Jahre, womöglich erst nach der Vollendung des Apsisfreskos in Aquileja, angefertigt worden ist.

32 P. Berghaus, Die Darstellungen deutscher Kaiser und Könige im Münzbild. In: P. E. Schramm (Anm. 31) 141 ff.

33 F. Mütherich u. K. Dachs, Regensburger Buchmalerei. Kat. München (1987) 33 Nr. 17 Taf. 10.

34 G. D. Bertoli, Antichità di Aquileia (1739).

35 G. Niemann u. H. Swoboda, Der Dom von Aquileja, hg. von Karl Graf Lancoroński (1906) Taf. 14. – Schramm (Anm. 31) Nr. 142 Taf. 393. – S. Weinfurter, Herrschaft und Reich der Salier (1991) Taf. 5.

36 B. Schwineköper, Christus-Reliquien-Verehrung und Politik. Bl. f. dt. Landesgesch. 117, 1981, 224 ff. Abb. 2.

ZU ALTER, HERKUNFT UND HISTORISCHER BEDEUTUNG
DER REICHSKRONE

Die vergleichende Analyse der Verzierungsformen hat ergeben, daß die Kronenplatten und das Kronenkreuz trotz mancher Unterschiede in Details während der frühen Salierzeit entstanden sind. Sie gehören somit ungefähr in die gleiche Zeit wie der ganz anders gearbeitete Kronenbügel mit der Inschrift Kaiser Konrads II.

Von Anfang an war der Kronreif dazu bestimmt gewesen, einen Bügel zu tragen. Allerdings kann das erhaltene Exemplar erst während oder nach der Kaiserkrönung Konrads II. zu Ostern des Jahres 1027 auf den Kronreif gesteckt worden sein. Die acht Kronenplatten sind vermutlich etwas älter als der Bügel und wahrscheinlich in der Zeit zwischen der Königskrönung (1024) und der Kaiserkrönung (1027) angefertigt worden. Dabei stellt sich natürlich die Frage, ob dieser Kronreif schon bei der Königskrönung Konrads II. in Mainz verwendet worden sein könnte. In diesem Fall müßte er jedoch angesichts der extrem kurzen Zeit, die zwischen der Wahl Konrads II. am 4. September 1024 in Kamba und seiner Königskrönung am 8. September 1024 gelegen hat, die Krone des am 13. Juli 1024 verstorbenen Vorgängers Heinrich II. gewesen sein. Dessen Insignien waren Konrad II. unmittelbar nach der Königswahl von der verwitweten Kaiserin Kunigunde übergeben worden[1]. Angesichts der fließenden Grenzen zwischen der spätottonischen und der frühsalischen Goldschmiedekunst, die sich vor allem in der engen stilistischen Verwandtschaft von Heinrichsportatile (1014–24) und Reichskreuz (Taf. D und E) dokumentiert[2] (vgl. Tabelle 3, 21), ist ein solcher Verdacht keineswegs abwegig. Dagegen spricht allerdings – wie schon eingangs erwähnt – die Existenz typisch salierzeitlicher Verzierungsformen auf den Kronenplatten (Tabelle 1, h–i, o–p, t–u). Folglich darf man annehmen, daß sich Konrad II. erst nach der Königskrönung in Mainz, die wohl noch mit einer Krone Kaiser Heinrichs II. vorgenommen werden mußte, einen neuen, eigenen Kronreif anfertigen ließ, so wie es bis dahin üblich war. Immerhin pflegten die Herrscher des Mittelalters nicht nur eine einzige, sondern mehrere Kronen zu besitzen[3], die sie nach Belieben verschenken konnten. Bis zu Zeiten Kaiser Heinrichs II. war schließlich nicht die Kaiserkrone, sondern die Heilige Lanze die oberste Reichsinsignie gewesen[4], die deshalb auch unveräußerlich blieb. Die Frage, ob es sich bei dem Reif der Reichskrone um die von Konrad II. ererbte Königskrone Rudolfs III. von Burgund handeln könnte, ist schwer zu beantworten, weil fast keine zeitgenössischen Goldschmiedearbeiten aus Burgund erhalten sind. Dagegen spricht immerhin die Tatsache, daß auf Stirn- und Nackenplatte von vornherein Scheiden für einen Hochbügel angebracht worden waren, den nur der Kaiser des Reiches[5], aber kein König tragen durfte. Auch die Existenz des »Waisen«, eines Gegenstücks zu jenem kostbaren Milchopal, der sich unter den kaiserlichen Insignien von Byzanz befunden hat[6], bezeugt, daß der Kronreif schon von Anfang an als Kaiserkrone konzipiert war und daher nicht die Königskrone Burgunds gewesen sein kann.

1 G. Haupt, Zur Entstehung der deutschen Kaiserkrone. Oberrheinische Kunst 2, 1927, 80. – A. Weixlgärtner, Geschichte im Widerschein der Reichskleinodien (1939) 30. – F. Sprater, Die Reichskleinodien in der Pfalz (1942) 19. – R. Staats, Theologie der Reichskrone (1976) 7.

2 H. Fillitz, Studien zur Römischen Reichskrone. Jahrb. Kunsthist. Samml. Wien 50, 1953, 38 ff.

3 J. Deér, Die abendländische Kaiserkrone des Hochmittelalters. Schweiz. Beitr. Allgem. Geschichte 7, 1949, 67. – H. Decker-Hauff, »Die Reichskrone«, angefertigt für Kaiser Otto I. In: P. E. Schramm, Herrschaftszeichen und Staatssymbolik 2 (1955) 561. – P. E. Schramm, Über die Herrschaftszeichen des Mittelalters. Münchner Jahrb. Bildende Kunst 3. Folge, 1, 1950, 50. – Staats (Anm. 1) 7.

4 Sprater (Anm. 1) 54 ff. – P. E. Schramm, Die »Heilige Lanze«. In: P. E. Schramm, Herrschaftszeichen und Staatssymbolik 2 (1955) 492 ff. – Staats (Anm. 1) 16.

5 G. Haupt, Die Reichsinsignien (1939) 18. – Schramm (Anm. 3) 51. – Deér (Anm. 3) 85.

6 Staats (Anm. 1) 140.

Als letzter Bestandteil ist der Bügelkrone Konrads II. nach 1027 schließlich das Stirnkreuz hinzugefügt worden. Da es nicht von Anfang an vorgesehen war, konnte es nur noch behelfsmäßig aufgesteckt werden und keine eigene Scheide mehr erhalten.

Der Entschluß Konrads II., seine Kaiserkrone nachträglich mit einem Stirnkreuz zu schmücken, hatte sicherlich einen besonderen Grund. Diesen kennen wir zwar nicht, doch könnte er in dem Wunsch bestanden haben, seinen Anspruch auf Gleichrangigkeit mit dem Kaiser in Byzanz durch eine möglichst ähnlich gestaltete Krone zum Ausdruck zu bringen[7].

Vielleicht gab aber letztlich jene große Kreuzpartikel den entscheidenden Anstoß, die Konrad II. anscheinend im Jahre 1029 vom byzantinischen Kaiser erhalten hatte (Abb. 83), die damals in Deutschland eine Welle der Kreuzverehrung auslöste und zu deren Aufbewahrung Kaiser Konrad II. eigens das Reichskreuz anfertigen ließ[8]. Womöglich hat der Kaiser damals einen winzigen Span von dieser 25,3 cm langen Kreuzpartikel abnehmen, in dem kleinen Kreuz verbergen und dieses dann auf der Stirnplatte seiner Krone anbringen lassen. Mit einer solchen Herrenreliquie versehen, wäre seine Krone nicht nur besonders verehrungswürdig geworden, sondern sie hätte sowohl ihrem Träger als auch dem ganzen Reich den besonderen Schutz und Segen Gottes vermitteln können.

Ein winziger Span vom Kreuz Christi könnte beispielsweise in der Bohrung des Mittelsaphirs aufbewahrt worden sein, der durch eine aufwendigere Fassung aus allen anderen Edelsteinen des Stirnkreuzes hervorgehoben ist[9]. Daß dieses Bohrloch heute keinen Holzrest enthält, spricht nicht

Abb. 83 Kiefernholz-Partikel vom Kreuz Christi (Lg. 25,3 cm) mit »Nagelloch« in einer spätmittelalterlichen Goldfassung; in den Querarmen eine Füllmasse. – Kunsthistorisches Museum Wien (nach Swineköper). – H. 31,3 cm.

7 Fillitz (Anm. 2) 31. – Darauf deutet auch die Existenz des sog. »Waisen«, eines Milchopals, in der Krone hin, denn ein solcher berühmter Edelstein befand sich auch unter den Herrschaftszeichen der byzantinischen Kaiser (Staats [Anm. 1] 76 f.).
8 B. Swineköper, Christus-Reliquien-Verehrung und Politik. Bl. f. dt. Landesgesch. 117, 1981, 224 ff. Abb. 2. – P. E. Schramm u. F. Mütherich, Denkmale der deutschen

Könige und Kaiser (1962) Nr. 145. – H. Trnek, Die Kreuzpartikel. In: Weltliche und Geistliche Schatzkammer. Bildführer d. Kunsthist. Museums Wien (1987) Nr. 156.
9 Auf diese Möglichkeit machte mich freundlicherweise Herr Dr. K. Weidemann, Römisch-Germanisches Zentralmuseum Mainz, aufmerksam.

unbedingt gegen eine solche Vermutung, denn dieser dürfte im Laufe der Jahrhunderte vermodert, herausgefallen oder bei einer Reinigung aus Unkenntnis entfernt worden sein. Da schon das Berengar-Kreuz des beginnenden 10. Jahrhunderts (Abb. 14) eine Kreuzpartikel unter seinem Mittelsaphir getragen hat[10], ist eine solche Annahme durchaus nicht abwegig.

In der Diskussion über die Herkunft der Reichskrone stehen sich derzeit zwei Hauptrichtungen diametral gegenüber. Die eine, vertreten durch O. von Falke, H. Fillitz und H. Westermann-Angerhausen[10], sieht sie als das Werk deutscher Goldschmiede an. Dagegen ist P. Lasko davon überzeugt, daß die Krone in byzantinisch beeinflußten Werkstätten Norditaliens oder zumindest von norditalienischen Goldschmieden geschaffen worden sei[11]. Bei der stilistischen Analyse der Kronenplatten sind nunmehr viele neue Argumente zutage getreten, die gegen eine Herstellung durch deutsche Goldschmiede sprechen. Daß der Kronreif vielmehr von einem Goldschmied aus Byzanz oder – noch eher – aus Italien, zumindest aber von einem Mann angefertigt worden sein muß, der in der Manier eines Südländers arbeitete, belegen folgende Details:

– die Bogenform der Kronenplatten,
– die Nachahmung byzantinischer Bilderkronen,
– die Auswahl von Edelsteinen, die seit alters her byzantinischen Kaisern vorbehalten gewesen waren,
– die Verwendung von Senkschmelzplatten mit aufgewölbter Oberfläche ohne Perldrahtumrandung,
– die Darstellung von Königen mit byzantinischer Chlamys und zugehörigem Tablion[12] (rechteckiger Stoffeinsatz),
– die Benutzung von Goldblechröhrchen als Träger der Edelstein- und Perlfassungen,
– die Verwendung freitragender Goldkugeln und dreifingriger Krallenfassungen wie bei den byzantinisch-italienischen Goldfibeln aus Minden und Schleswig,
– die Fassung von Edelsteinen in einem offenen Perldrahtring mit vier einfachen Drahtkrallen,
– die gitterförmige Anordnung von Perlen und Edelsteinen auf Stirn- und Nackenplatte,
– die Diagonalkreuze aus tropfenförmigen Rubinen mit nach außen weisenden Spitzen,
– die Kombination dieser Diagonalkreuze mit einem Perlkreuz, dessen Stamm aus Perldreiecken besteht,
– die Verwendung von Dreiecken aus Perldrahtringen, insbesondere von Dreiecken aus Perldraht-Tropfen zur Verzierung der Rückseiten,
– die Perldrahtumrandung ausgeschnittener Flächen.

Angesichts dieser Fülle von Merkmalen fallen die wenigen Schmuckelemente, die man als »typisch deutsch« bezeichnen könnte, nämlich die Perldrahtblüten auf den Rückseiten der Schläfen- und Bilderplatten (Tabelle 1, r–s.u), kaum ins Gewicht. Beweise dafür, daß der Kronreif von deutschen Goldschmieden hergestellt wurde, sind sie meiner Ansicht nach nicht, allenfalls Indizien dafür, daß der Herstellungsort nicht in Italien, sondern nördlich der Alpen gelegen haben dürfte.

Die von H. Westermann-Angerhausen betonten Zusammenhänge der Kronenplatten mit zeit- und stilgleichen Arbeiten anderer Werkstätten, wie etwa mit der auf westlichen, letztlich karolingischen Traditionen beruhenden Egbert-Werkstatt in Trier[13], reichen als Gegenargument nicht aus. Immerhin stimmen die Kronenplatten gerade mit den Arbeiten aus der Trierer Egbert-Werkstatt – wie dem Andreas-Tragaltar, dem Nagelreliquiar und dem Petrus-Stab[14] – in keinen einzigen Detail überein, so daß diese nicht einmal in die Kombinationstabelle aufgenommen werden mußten (vgl. Tabelle 1). Und der Zusammenhang mit dem Codex Aureus von Echternach[15] beschränkt sich auf die Existenz von

10 Th. Jülich, Gemmenkreuze. Aachener Kunstbl. 54/55, 1986/87, 149 Abb. 11.
11 O. von Falke, Der Mainzer Goldschmuck der Kaiserin Gisela (1913) 22. – Fillitz (Anm. 2) 31. – H. Westermann-Angerhausen, Ein ottonisches Schmuckstück aus dem Rheinland in Schleswig. Beitr. Schleswiger Stadtgesch. 22, 1977, 17 Anm. 6.

12 P. Lasko, Ars Sacra 800–1200 (1972) 83 ff.
13 Westermann-Angerhausen (Anm. 11) 19 Anm. 6.
14 H. Westermann-Angerhausen, Die Goldschmiedearbeiten der Trierer Egbertwerkstatt. Trierer Zeitschr. Beih. 36, 1973, Taf. A, Abb. 13–20.
15 Westermann-Angerhausen (Anm. 14) Abb. 21.

Diagonalkreuzen aus tropfenförmigen Edelsteinen (Tabelle 1, 9), deren Spitzen aber nicht wie bei den Kronenplatten nach außen, sondern nach innen weisen.

Auch von einem Mangel an vergleichbaren Goldschmiedearbeiten aus Italien und Byzanz, den H. Westermann-Angerhausen als Argument gegen die These P. Laskos anführte[16], kann – wie sich gezeigt hat – eigentlich keine Rede sein. Außerdem können Arbeiten, die bislang zu den Erzeugnissen deutscher Goldschmiedewerkstätten gerechnet wurden, mittlerweile als typisch byzantinische oder italienische Erzeugnisse identifiziert werden. Zu diesen gehören auf jeden Fall die beiden byzantinischen Goldkegelfibeln des frühen 11. Jahrhunderts im Hamburger Museum für Kunst und Gewerbe (Abb. 84) und im British Museum London, für die ein Außenrand aus locker aufgefädelten Perlen, steile, enge Wellenbänder aus Goldblechstreifen und aneinandergereihte Kugelpyramiden charakteristisch sind[17]. Dazu zählt auch eine ganz ähnlich verzierte goldene Pyramidenfibel ohne Bodenplatte im Besitz des British Museum London (Abb. 85)[18]. Von Goldschmieden aus Italien dürften die beiden Sternfibeln vom Mainzer Domchor (vgl. Abb. 18) und die Sternfibel im Metropolitan Museum New York (vgl. Abb. 64)[19] hergestellt worden sein, denn sie weisen entsprechend enge, steile Wellenbänder und zudem perdrahtumrandete Löcher in den Bodenplatten auf.

Abb. 84   Schrägansicht einer byzantinischen Goldkegelfibel mit (verlorenem) Perlrand und einem Smaragdquarz, frühes 11. Jahrhundert. – Museum für Kunst und Gewerbe Hamburg. – M = 1:1.

Um das Werk eines byzantinischen Goldschmieds handelte es sich allem Anschein nach bei dem 1794 eingeschmolzenen Schrein des hl. Marsus im Essener Münsterschatz, der das Emailbild eines Ottonenkaisers mit einer griechischen Inschrift getragen hatte[20]. Deshalb liegt die Vermutung nahe, daß auch das Perikopenbuch König Heinrichs II. (Taf. J)[21], das ja ebenfalls mit echten byzantinischen Senkschmelzplättchen verziert und dessen Elfenbein ganz nach byzantinischer Manier[22] mit aufgefädelten Perlen umrandet war, von einem Goldschmied aus Byzanz angefertigt worden sein könnte. Ganz sicher trifft das aber auf die Goldfibel von Minden (Vgl. Abb. 26) mit ihrem typisch byzantinischen Außenrand aus locker aufgefädelten Perlen[23] und auf die ebenfalls in der Regierungszeit Konrads II. entstandene

16 Westermann-Angerhausen (Anm. 11) 19 Anm. 6.
17 M. Schulze-Dörrlamm, Der Mainzer Schatz der Kaiserin Agnes aus dem mittleren 11. Jahrhundert. Neue Untersuchungen zum sog. »Gisela-Schmuck« (1991) 34.
18 F. H. Marshall, Catalogue of the jewellery. Greek, Etruscan and Roman (1911) 341 Nr. 2874.
19 F. Schneider, Mittelalterliche Goldfibeln, ein Fund aus dem Boden von Mainz. Jahrb. Preuß. Kunstsamml. 18, 1897, 170 ff. – H. Kohlhausen, Europäisches Kunsthandwerk (1969) Abb. 33. – Schulze-Dörrlamm (Anm. 17) 65. Abb. 46. – H. Westermann-Angerhausen, Eine unbekannte Fibel aus dem ottonischen Kaiserinnenschmuck?

Mainzer Zeitschr. 70, 1975, 67 ff. Taf. 20. – The Metropolitan Museum of Art. Recent Acquisitions 1987–88, 14 f.
20 E. Steingräber, Email. Reallexikon dt. Kunstgesch. 5 (1959) 23.
21 F. Steenbock, Der kirchliche Prachteinband im frühen Mittelalter (1965) Nr. 50 Abb. 71. – K. Wessel, Die byzantinische Emailkunst vom 5. bis 13. Jahrhundert (1967) Nr. 26.
22 Vgl. die byzantinischen Bucheinbände in der Biblioteca Marziana zu Venedig (Wessel [Anm. 21] Nr. 13, 27 und 58).
23 Schulze-Dörrlamm (Anm. 17) 36 Abb. 18.

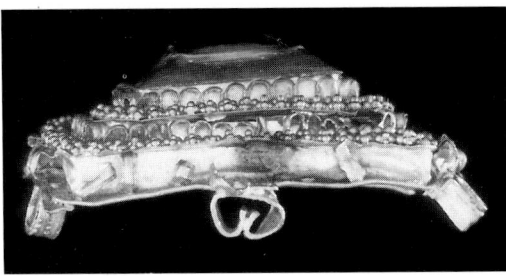

Abb. 85 Auf- und Seitenansicht einer goldenen byzantinischen Pyramidenfibel mit einem Onyx und (verlorénem) Perlrand, frühes 11. Jahrhundert. – British Museum London. – M = 2:1.

Goldfibel von Schleswig (vgl. Abb. 27)[24] zu. Bei dieser sind nämlich die in den Randtrommeln sitzenden Glasflüsse von aufgefädelten Perlen umringt, welche – ganz nach byzantinischer Art[25] – von je vier kreuzförmig gestellten Goldblechösen gehalten werden. Schließlich befanden sich auch unter den Schmuckstücken des Mainzer Schatzes der Kaiserin Agnes aus dem zweiten Drittel des 11. Jahrhunderts noch einige solcher »Fremdlinge«, nämlich der Juwelenkragen (Maniakion) und der Brustbehang (Loros), das beidseitig verzierte Halbmond-Ohrringpaar, die kleine Buckelfibel mit locker aufgefädel-

24 Ebd. 45 Abb. 26.

25 Kreise aus aufgefädelten Perlschnüren, die von nur vier kreuzförmig gestellten Goldösen gehalten wurden, schmückten u.a. einen aus Byzanz stammenden Finger-ring des 7. Jahrhunderts (M. C. Ross, Catalogue of the Byzantine and Early Medieval antiquities in the Dumbar-ton Oaks Collection 2. Jewelry, enamels and art of the Migration Period [1965] 61 Taf. 45, 71), einen goldenen Schmuckanhänger des 7. Jahrhunderts im Ungarischen Nationalmuseum (E. Garam, Arch. Ért. 105, 1978, 206 ff. Abb. 2, 4), ein byzantinisches Ohrringpaar des 8./9. Jahr-hunderts aus Neapel (O. von Falke, Sammlung Marc Rosenberg [1929] 27 Nr. 117 Taf. 9) sowie ein aus dem byzantinischen Raum stammendes Ohrringpaar des 11. Jahrhunderts in der gleichen Sammlung (von Falke, ebd. Nr. 94), die Medaillons der Maria Orans von Chobi aus dem 10. Jahrhundert (A. Dshawachischwili u.

G. Abramischwili, Goldschmiedekunst und Toreutik in den Museen Georgiens [1986] Abb. 123–124), eine Gold-fibel unbekannter Herkunft aus dem frühen 11. Jahrhun-dert (F. Falk, Schmuck aus dem Schmuckmuseum Pforz-heim [1971] Nr. 80), die Emails der Krone des Kaisers Leon VI. [886–912] im Schatz von San Marco (H. Hel-lenkemper [Hg.], Der Schatz von San Marco in Venedig. Kat. Köln [1984] 125 ff.), die byzantinische Löwenfibel des 10. Jahrhunderts aus Preslav (A. Ančev, La Bulgarie médiévale. Kat. Paris [1980] 126 Abb. 233) und einen Kolt des 12. Jahrhunderts aus Kiew (K. Benda, Mittelalterlicher Schmuck [1966] Taf. 85). – In Deutschland kommt diese Art der Halterung von aufgefädelten Perlschnüren dage-gen auffällig spät und überaus selten vor, nämlich nur auf dem Dionysius-Kreuz von Enger aus der Zeit um 1100 (E. Brepohl, Theophilus Presbyter und die mittelalterliche Goldschmiedekunst [1987] Abb. 56.2).

121

tem Perlrand, drei Goldfingerringe und die große Adler-Pfauenfibel im Landesmuseum Mainz[26]. Die Platten der Reichskrone sind demnach keineswegs die einzigen Goldschmiedearbeiten im Deutschen Reich, die mit großer Wahrscheinlichkeit von Goldschmieden aus Italien oder Byzanz geschaffen wurden.

Im Unterschied zum Kronreif könnte das Kronenkreuz aber durchaus von Einheimischen angefertigt worden sein. Darauf weisen außer einigen Zierformen, wie den kleinen glatten Golddrahtkegeln und den gelochten Trommelwänden (Tabelle 2,e,g), vor allem das Bildnis des Gekreuzigten auf der Rückseite (vgl. Taf. 11) hin. Im Stil gleicht es den niellierten Figuren auf der Rückwand des Reichskreuzes Konrads II. (Abb. 81)[27], das wohl in der gleichen Werkstatt entstand, in der zuvor schon der Tragaltar Kaiser Heinrichs II. geschaffen worden war (vgl. Tabelle 3,21). E. Hürkey rechnet das Kreuzigungsbild – ebenso wie jenes auf dem Goldaltar Heinrichs II. in Aachen oder auf dem Kreuz von Borghorst – zu den Kruzifixen mit dem »Fuldaer Schurz«[28] und vermutet deshalb, daß das Kronenkreuz in Fulda entstanden sein könnte.

Völlig ungewiß ist dagegen die Herkunft des Kronenbügels, weil seine Verzierungselemente sowohl in der byzantinisch-italischen als auch in der deutschen Goldschmiedekunst des 11. Jahrhunderts bekannt und gebräuchlich waren.

An welchem konkreten Ort nun aber Kronreif, Kreuz und Bügel angefertigt wurden, läßt sich nicht sicher bestimmen. Dazu müßten erst die Überreste einer Goldschmiedewerkstatt mit entsprechend eindeutigen Abfallprodukten oder Halbfabrikaten entdeckt werden. Ein so glücklicher Zufall ist aber kaum zu erwarten. Aus diesem Grunde sind wir weiterhin auf Vermutungen angewiesen.

Die Tatsache, daß die Platten der Reichskrone im byzantinischen Stil gearbeitet wurden, bedeutet keineswegs, daß dies zwangläufig im Byzantinischen Reich oder – was weitaus wahrscheinlicher wäre – in Norditalien geschehen sein muß. Vielmehr weisen die Perldrahtblüten-Ornamente auf den Rückseiten und ihre Ähnlichkeit mit der Perldrahtornamentik von Arbeiten im Essener Münsterschatz darauf hin, daß der Goldschmied im Raum nördlich der Alpen arbeitete und deshalb auch mit den Besonderheiten der deutschen Goldschmiedekunst vertraut gewesen ist. Immerhin war Mobilität für die Goldschmiede der damaligen Zeit etwas ganz Selbstverständliches[29]. In schriftlichen Quellen finden sich zum Beispiel Hinweise darauf, daß sich byzantinische Künstler und Baumeister schon in ottonischer Zeit im Rheinland niedergelassen hatten[30]. Außerdem sind einige Werke von byzantinischen und italienischen Künstlern, vor allem von Malern, welche im 11./12. Jahrhundert im Deutschen Reich tätig waren, auch erhalten geblieben[31].

Als geeigneter Standort für eine Werkstatt, die für das Kaiserhaus arbeitete, käme zum Beispiel die Stadt Mainz durchaus in Betracht, die ja im 10. und 11. Jahrhundert Sitz des Erzkanzlers, Schauplatz von Königskrönungen, Reichsversammlungen und anderer Festveranstaltungen sowie das Ziel alljährlicher Königsbesuche und deshalb häufiger Treffpunkt einer zahlungskräftigen Kundschaft gewesen ist. Immerhin wurden hier beim Bau des Hilton-Hotels in der Löhrstraße, also in der Nähe des alten Mainzer Rheinufers, Reste einer Werkstatt für Bronzeschmuck des 10. bis frühen 11. Jahrhunderts entdeckt[32]. Außerdem belegt die jüdische Responsa-Literatur jener Zeit, daß in Mainz während des 10./

26 Schulze-Dörrlamm (Anm. 17) 107.

27 Fillitz (Anm. 2) 23. – E. Hürkey, Das Bild des Gekreuzigten im Mittelalter (1983) Nr. 329. – A. Weixlgärtner, Die »weltliche« Schatzkammer in Wien. Jahrb. Kunsthist. Sammlungen Wien NF. 1, 1926 43.

28 Hürkey (Anm. 27) 113 ff. Abb. 325–329.

29 P. C. Claussen, Goldschmiede des Mittelalters. Zeitschr. dt. Ver. Kunstwissenschaft 32, 1978, 49.

30 W. Ohnsorge, Byzanz und das Abendland im 9. und 10. Jahrhundert. In: W. Ohnsorge, Abendland und Byzanz (1963) 9 Anm. 30.

31 Vgl. die von einem Byzantiner gemalte Miniatur im Utrechter Bernulphuscodex aus der Zeit um 1050 (A. S. Korteweg, Der Bernulphuscodex in Utrecht und eine Gruppe verwandter spätreichenauer Handschriften. Aachener Kunstbl. 53, 1985, 45 Abb. 17) und die von einem Italiener gemalten Fresken von St. Gereon aus dem Anfang des 12. Jahrhunderts (A. v. Euw, Rhein und Maas. Kat. Köln [1972] 202 f.).

32 E. Wamers, Frühmittelalterliche Funde aus Mainz. In: Frankfurter Beiträge zur Mittelalter-Archäologie 1 (1986) 49. – Ders., A tenth-century metal ornament from Mainz, West-Germany. Medieval Arch. 31, 1987, 105 ff. Taf. 7.

11. Jahrhunderts mindestens ein vielbeschäftigter jüdischer Goldschmied tätig war[33]. Leider wissen wir nicht, ob die in Deutschland ansässigen jüdischen Goldschmiede des Hochmittelalters im gleichen Stil arbeiteten wie ihre hiesigen Kollegen oder ob sie die Traditionen der byzantinisch-fatimidischen Goldschmiedekunst pflegten. Jedenfalls ist die Möglichkeit, daß der Kronreif in seiner »mediterranen« Machart auch das Werk eines jüdischen Goldschmieds gewesen sein könnte, keineswegs auszuschließen. Grundsätzlich wird man angesichts der zahlreichen erhaltenen Arbeiten den Anteil von Byzantinern, Italienern und Juden an der Entwicklung der hochmittelalterlichen Goldschmiedekunst im Deutschen Reich erheblich höher einschätzen müssen, als dies bisher geschehen ist.

Obwohl sich mehrere triftige Gründe für die Vermutung anführen lassen, daß die Kronenwerkstatt in Mainz gestanden haben dürfte, muß man auch mit anderen Möglichkeiten rechnen. So könnte die Krone nicht nur in einer anderen Stadt, sondern auch in einem der bedeutenden Klöster des Reiches entstanden oder von einem Mann in der Hofkapelle des Kaisers geschaffen worden sein, der den Herrscher womöglich auf dessen Reisen begleitete[34]. Da die inneren Strukturen von Goldschmiedewerkstätten der Salier-Zeit gänzlich unbekannt sind, weiß man nicht, ob in ihnen jeweils nur ein Meister mit seinen Gesellen arbeitete oder ob darin – wie spätestens im 13. Jahrhundert – mehrere gleichrangige Goldschmiede tätig sein konnten[35], die vielleicht sogar unterschiedlicher Herkunft waren. Daß es in Deutschland jedenfalls schon im 11. Jahrhundert eine sehr enge Zusammenarbeit von einheimischen und byzantinischen Künstlern gegeben hat, beweisen zwei Beispiele aus dem Bereich der Buchmalerei, nämlich der Utrechter Bernulphus Codex mit der Miniatur des Evangelisten Markus, die zum größten Teil von einem Byzantiner gestaltet wurde, und der im Echternacher Skriptorium geschaffene Codex Aureus von Speyer mit zwei Miniaturen, bei denen das Antlitz Christi und der Gottesmutter von einem Künstler aus Byzanz ausgemalt worden sind[36]. Angesichts eines solchen Befundes läßt sich die Frage, ob Kronreif, Stirnkreuz und Bügel der Reichskrone an mehreren Orten hergestellt oder lediglich von verschiedenen Männern der gleichen Werkstatt angefertigt wurden, nicht beantworten.

Nach heutigem Erkenntnisstand handelt es sich bei der Reichskrone nicht um ein Denkmal aus ottonischer Zeit, sondern um eine Insignie, die sich offenbar der erste Salier – Konrad II. – nach seiner Königskrönung im Jahre 1024 und vor seiner Kaiserkrönung in Rom am 26. März 1027 hatte anfertigen lassen. Diese Krone kann dann aber nicht unter den Herrschaftszeichen gewesen sein, die er nach der Kaiserkrönung dem Kloster Cluny geschenkt hat. Seinem neuen Kronreif fügte der Kaiser 1027 zunächst den Hochbügel und danach – vermutlich gegen 1030 – noch das Stirnkreuz hinzu, in dem vielleicht eine winzige Partikel vom Kreuz Christi enthalten war. Daß diese Hauptbestandteile der Krone von drei Goldschmieden mit unterschiedlichem Stil stammten, wurde dabei offenbar nicht als störend empfunden. Im Gegensatz zu ihrem heutigen Erscheinungsbild trug der Kronreif ursprünglich auf den Schläfenplatten und auf der Nackenplatte »Lilien« aus aufgestifteten Perlen und Edelsteinen, so wie es noch die schlichten Grabkronen Konrads II. und seiner Gemahlin Gisela (Abb. 86)[37] erkennen lassen. Von den beiden Schläfenplatten hingen außerdem bandförmige Pendilien herab (vgl. Abb. 9 u. 77), die entsprechende Hoheitszeichen byzantinischer Kaiser imitierten.

33 I. A. Agus, Urban civilisation in Pre-Crusade Europe. A study of organized town-life in Northwestern Europe during the tenth and eleventh centuries based on the responsa literature 1 (1968) 383ff. – L. Falck, Mainz im frühen und hohen Mittelalter. Geschichte der Stadt Mainz 2 (1972) 119f.

34 Claussen (Anm. 29) 47. – Decker-Hauff (Anm. 3) 576.

35 Claussen (Anm. 29) 73.

36 Bernulphuscodex in Utrecht: Korteweg (Anm. 31) 45 Abb. 17. – Codex Aureus von Speyer: P. Schweinfurth, Das goldene Evangelienbuch Heinrichs III. und Byzanz. Zeitschr. f. Kunstgesch. 10, 1941, 42ff. – K. Weitzmann,

Various aspects of Byzantine influence on the latin countries from the sixth to the twelfth century. Dumbarton Oaks Papers 20, 1966, 4 Abb. 1. – E. G. Grimme, Die Geschichte der abendländischen Buchmalerei (2. Aufl. 1985) 86f. Abb. 33.

37 Schramm u. Mütherich (Anm. 8) Nr. 149–150 Taf. 379. – Vgl. auch die ganz ähnlich gestaltete Grabkrone der 1141 verstorbenen Kaiserin Richenza (H. Rötting, Die Grablege Lothars III. in der Stiftskirche zu Königslutter. In: Kirchen, Klöster, Manufakturen. Historische Kulturgüter im Lande Braunschweig [1985] 61ff. Abb. 10).

Abb. 86   Bronzene Grabkrone der Kaiserin Gisela (†1043) aus ihrem Sarkophag im Dom zu Speyer. – Historisches Museum der
Pfalz Speyer. – Durchmesser 24,3 cm.

Die Gestalt der Kaiserkrone Konrads II. war ganz von einer zeitlosen christlichen Symbolik durchdrungen. Ihr achteckiger Reif sowie Zahl und Eigenschaften ihrer Edelsteine erinnerten die Gläubigen an das Himmlische Jerusalem, das der Evangelist Johannes in seiner Apokalypse beschrieben hatte[38] und in das die Gerechten am Ende der Tage einziehen sollen. Zugleich war das durchdachte Zahlensystem der Perlen und Edelsteine Ausdruck des Strebens nach Vollkommenheit und Zeichen kaiserlicher Macht[39]. Den Kaiser gemahnten die Bilder des Kronreifs an die wichtigsten Tugenden eines christlichen Herrschers, nämlich an Gerechtigkeit, Weisheit, Gottesfurcht und das Vertrauen auf die Gnade Gottes, der er ja seine irdische Macht verdankte[40].

Nach dem Tode Kaiser Konrads II. im Jahre 1039 ließ sich sein Sohn und Nachfolger Heinrich III. keine eigene Kaiserkrone anfertigen, sondern übernahm die seines Vaters. Damit trennte er sich von den herkömmlichen Gepflogenheiten und schuf bewußt eine neue Tradition, die aus der persönlichen Krone des ersten Saliers schließlich die die Zeiten überdauernde Reichskrone werden ließ, welche die »Heilige Lanze« bald an Bedeutung noch übertreffen sollte.

Die Entscheidung Heinrichs III. beruhte vermutlich auf einem neuartigen, das heißt abstrakteren Staatsverständnis, das zwischen der Privatperson des Herrschers und dem Amtsträger zu unterscheiden wußte. Schon Konrad II. hatte die neuen Macht- und Herrschaftsvorstellungen in seinem Streit mit den Bürgern von Pavia zum Ausdruck gebracht[41], die offenbar noch dem aus dem frühen Mittelalter

38 H. Fillitz, Die Insignien und Kleinodien des Heiligen Römischen Reiches (1954) 19. – Decker-Hauff (Anm. 3) 596 ff. – K. Hoffmann, Die Taufsymbolik im mittelalterlichen Herrscherbild (1968) 57 ff. – Staats (Anm. 1) 15 ff.
39 Decker-Hauff (Anm. 3) 583 ff.
40 H. Jantzen, Ottonische Kunst (2. Aufl. 1959) 155 f. Abb. 51. – G. J. Kugler, Die Reichskrone (2. Auflage 1986)

42 ff. – H. Trnek, Die Reichskrone. In: Weltliche und Geistliche Schatzkammer. Bildführer d. Kunsthistorischen Museums Wien (1987) 148 ff. Nr. 153.
41 Wipo, Taten Kaiser Konrads II. In: Quellen des 9. und 11. Jahrhunderts zur Geschichte der Hamburgischen Kirche und des Reiches (1961) 559 f. Kap. 7.

überkommenen Denken, das Herrschaft an die Person eines Königs knüpfte[42], verhaftet waren. Die Bürger von Pavia hatten nämlich nach dem Tode des letzten Ottonenkaisers Heinrich II. im Jahre 1024 die in Pavia gelegene Pfalz in dem Glauben niedergerissen, nun keinen König mehr zu haben. Kaiser Konrad II. wies sie auf die Strafbarkeit ihres Übergriffes mit folgenden Worten hin: *Si rex periit, regnum remansit sicut navis remanet, cuius gubernator cadit* (Ist der König tot, so bleibt doch das Reich bestehen, ebenso wie ein Schiff bleibt, dessen Steuermann gefallen ist)[43].

Vielleicht wollte Heinrich III. durch seine Entscheidung zeigen, daß die Kaiserkrone für ihn das Symbol des Reiches und des Kaisertums war und deshalb ebenso unveränderlich über den Tod des einzelnen Herrschers fortbestehen sollte wie diese. Jedenfalls hat sich diese Auffassung in der Folgezeit recht schnell allgemein durchgesetzt, so daß man spätestens seit Beginn des 12. Jahrhunderts das Wort »Krone« stellvertretend für »das Reich« benutzen konnte[44]. Damit hat die deutsche Kaiserkrone eine Bedeutung erlangt, die die Kronen der Kaiser von Byzanz nie erhalten haben[45].

Obwohl die Krone Konrads II. im späteren Mittelalter und in der Neuzeit durchaus nicht bei allen Kaiserkrönungen, sondern oft nur bei Königskrönungen verwendet worden ist[46], wurde sie – die man seit dem 14. Jahrhundert für die ehrwürdige Krone Karls des Großen hielt (vgl. Abb. 9–10)[47] – zum Inbegriff des Imperiums, deren Sinnbild sie noch heute ist.

42 H. Hoffmann, Die Krone im hochmittelalterlichen Staatsdenken In: Festschr. f. H. Keller (1963) 71.

43 Wipo (Anm. 41) Kap. 7,5.

44 P. Classen, Corona Imperii. Die Krone als Inbegriff des Römisch-deutschen Reiches im 12. Jahrhundert. In: Festschr. P. E. Schramm zu seinem siebzigsten Geburtstag 1 (1964) 90 ff.

45 Staats (Anm. 1) 135. – K. Wessel, Insignien. Reallexikon zur byzantinischen Kunst 3 (1978) 370.

46 A. Huyskens, Die Aachener Krone der Goldenen Bulle, das Symbol des alten deutschen Reiches. Deutsches Archiv 2, 1938, 401 ff. – E. Rosenthal, Die »Reichskrone«, die »Wiener Krone« und die »Krone Karls des Großen«

um 1520. Jahrb. Kunsthist. Samml. Wien 66, 1970, 7 ff. – E. Holzmair, Nürnberger und Rudolfinische Kaiserkrone im Spiegel der Numismatik. Numismatische Zeitschr. 72, 1947, 90 ff. – Deér (Anm. 3) 53 ff. – P. E. Schramm, Wie sahen die mittelalterlichen Herrschaftszeichen aus? Deutsches Archiv 35, 1953, 12. – A. Bühler, Zur Geschichte der deutschen Reichskleinodien. Das Münster 27, 1974, 405 f. – Kugler (Anm. 40) 13.

47 Deér (Anm. 3) 71. – Staats (Anm. 1) 20. – Fillitz (Anm. 38) 41. – Kugler (Anm. 40) 14. – N. Grass, Reichskleinodien. Studien aus rechtshistorischer Sicht (1965) 25. – Rosenthal (Anm. 46) 42.

Taf. 1   Vorderansicht der Reichskrone. – Kunsthistorisches Museum Wien.

126

Taf. 2   Seitenansicht der Reichskrone. – Kunsthistorisches Museum Wien.

Taf. 3   Stirnplatte der Reichskrone. – Kunsthistorisches Museum Wien. – H. 15,6 cm.

128

Taf. 4   Nackenplatte der Reichskrone. – Kunsthistorisches Museum Wien. – H. 15,6 cm.

Taf. 5   Linke Schläfenplatte der Reichskrone. – Kunsthistorisches Museum Wien. – H. 13,6 cm.

130

Taf. 6   Rechte Schläfenplatte der Reichskrone. – Kunsthistorisches Museum Wien. – H. 13,6 cm.

Taf. 7   Salomon-Platte der Reichskrone. – Kunsthistorisches Museum Wien. – H. 11,9 cm.

Taf. 8   David-Platte der Reichskrone. – Kunsthistorisches Museum Wien. – H. 11,8 cm.

133

Taf. 9   Jesajas-Ezechias-Platte der Reichskrone. – Kunsthistorisches Museum Wien. – H. 11,9 cm.

134

Taf. 10   Pantokrator-Platte der Reichskrone. – Kunsthistorisches Museum Wien. – H. 11,9 cm.

Taf. 11   Vorder- und Rückseite des Stirnkreuzes der Reichskrone. – Kunsthistorisches Museum Wien. – H. 9,9 cm.

Taf. 12   Rechte Seite des Bügels der Reichskrone mit der Perleninschrift: CHVONRADVS DEI GRATIA. – Kunsthistorisches Museum Wien. – Lg. 23 cm.

137

Taf. 13 Linke Seite des Bügels der Reichskrone mit der Perleninschrift: ROMANORV(M) IMPERATOR AVG(VSTVS). –
Kunsthistorisches Museum Wien. – Lg. 23 cm.

138

KATALOG

Beschreibung der Reichskrone (Taf. 1–13)

Wien, Kunsthistorisches Museum, Weltliche Schatzkammer in der Hofburg (Inv. Nr. XIII,1)

Die Reichskrone hat die Form eines Achtecks von 20,9 cm × 22,2 cm Größe, das aus acht bogenförmigen und durch Scharniere miteinander verbundenen Platten gebildet wird. Sie besitzt ein aufgestecktes Stirnkreuz und einen kammartigen Bügel, der die Stirn- und Nackenplatte miteinander verbindet. Ursprünglich war sie in ihre Einzelteile zerlegbar. Zwei nachträglich innen eingezogene Eisenbänder verklammern die acht Platten heute aber zu einem festen Kronreif.

Die bogenförmigen Platten sind nicht nur unterschiedlich groß, sondern auch unterschiedlich verziert. Die vier größten Platten (Stirn-, Nacken- und Schläfenplatten) tragen ausschließlich Perlen und polierte Edelsteine sowie goldenen Zierat, die vier kleinen Platten in den Zwickeln dagegen weniger Zierat aus Gold, dafür aber je eine große Senkschmelzplatte mit den Bildnissen der alttestamentarischen Könige David, Salomon und Hiskia sowie des Weltenrichters.

An den je drei gerippten Goldblechröhrchen am unteren Rand der beiden Schläfenplatten hingen einst bandförmige Pendilien, die aber ebenso verlorengegangen sind wie jene »Lilien« aus Edelsteinen und Perlen, welche auf die Nackenplatte und die zwei Schläfenplatten aufgesteckt worden waren.

Im Laufe der Jahrhunderte wurden zahlreiche Perlen und Edelsteine ersetzt, der Bügel zerbrach, mußte repariert und durch einen dicken Golddraht verstärkt werden. Als Ersatz für eine ursprünglich vorhandene Mitra, die vielleicht in den kleinen Löchern an der inneren Unterkante der Kronenplatten befestigt war, dient heute eine flache abnehmbare Kronhaube des 18. Jahrhunderts aus rotem Samt.

a) Stirnplatte (Abb. 74, Taf. 3)

Die größte Platte des Kronreifs ist die Stirnplatte mit 15,6 cm Höhe und 11,2 cm Breite. Ein Perldraht umrandet ihre Außenkante, und aufgelötete Perldrahtranken bedecken den Goldgrund. Der Schmuck dieser Platte, deren Oberteil heute etwas nach innen eingedrückt ist, besteht aus einem rechteckigen Gitter, das ursprünglich aus 18 Barockperlen, 12 großen Edelsteinen (Saphire, Smaragde, Amethyste) und 12 kleinen Rubinen gebildet wurde. Diese sitzen alle in einem Perldrahtring, welcher von Goldblechröhrchen getragen wird. Im Unterschied zu den auf einen Golddraht aufgesteckten Perlen werden die kleinen Rubine von je vier glatten Goldkrallen gehalten. Dagegen stecken die großen Edelsteine in einer Fassung aus dreifingrigen Krallen und zwei Perldrahtringen, welche durch freitragende dicke Goldkugeln miteinander verbunden sind. Nur bei den drei allergrößten Edelsteinen in der Mittelachse der Platten weisen die freitragenden Goldkugeln zusätzlich noch einen Bering aus Perldraht auf. Zwischen den Perlen und Edelsteinen stehen kleine Goldblechröhrchen mit einer Pyramide aus vier Goldkügelchen. Den großen Amethysten im Zentrum der Platte umgeben zudem vier kleine Kreuze aus Golddrahtringen, die ebenfalls eine Kugelpyramide tragen. Auf dem Boden der Vorderplatte sind einzelne gewölbte runde Köpfe von Nieten erkennbar, die die Vorder- und Rückseite zusammenhalten.

Der ursprüngliche runde Edelstein in der obersten Fassung ist verloren und durch einen kleinen, herzförmigen Saphir ersetzt worden. In das obere Loch seiner Durchbohrung greift heute eine dreifingrige Goldkralle, welche aus der Edelsteinfassung herausgesägt und auf den Schaft des aufgesteckten Kronenkreuzes aufgelötet worden ist.

Die Rückseite der Stirnplatte ist unterhalb der großen Edelsteine ausgeschnitten und an den Schnittkanten mit Perldraht umrandet. Dreiecke aus Perldrahtringen umziehen den oberen Bogenrand, Dreiecke aus Perldrahttropfen füllen die Flächen zwischen den Löchern aus. Hinter dem größten, obersten Edelstein der Vorderseite sitzt die verbödete Tülle aus Goldblech, in die der Zapfen des Kronenbügels gesteckt wird. Auch diese Tülle weist eine Umrandung aus Perldraht auf.

b) Nackenplatte (Abb. 61, Taf. 4)

Die Nackenplatte gleicht der Stirnplatte in Form und Verzierung, weist aber bei gleicher Höhe (15,6 cm) nur eine Breite von 8,5 cm auf. Die Anzahl der gitterförmig angeordneten Edelsteine und Perlen entspricht jener der Stirnplatte ebenso wie die verwendeten Fassungen und goldenen Zierate. Allerdings sitzt nur der große Saphir im Zentrum der Nackenplatte in einer Fassung aus freitragenden Goldkugeln, welche mit Perldraht beringt sind. Der zweitoberste Edelstein – ein geschliffener Hyazinth – ist erst nach der Krönung Josephs II. im Jahre 1764 anstelle eines älteren Vorgängers eingesetzt worden.
Auch in der Verzierung ihrer Rückseite stimmt die Nackenplatte mit der Stirnplatte überein. Die Löcher unter den Edelsteinen sind mit Perldraht umrandet und das Bogenfeld ist mit Dreiecken aus aufgelöteten Perldrahtringen verziert. Im Unterschied zur Stirnplatte befinden sich hinter dem obersten Edelstein drei unverbödete, mit Perldraht umrandete Goldblechhülsen unterschiedlicher Stärke. In die große mittlere wird der Kronenbügel eingezapft. In den beiden dünnen seitlichen Hülsen saßen einst wahrscheinlich aufgesteckte Perlen und Edelsteine, die nicht erhalten geblieben sind.

c) Schläfenplatten (Abb. 62, Taf. 5, 6)

Die zwei Schläfenplatten von 13,6 cm Höhe und 8,2 cm Breite sind mit Saphiren, Amethysten und Smaragden sowie mit kleinen Rubinen und mit Perlen verziert, die nicht streng gitterförmig angeordnet, sondern auf den rechteckigen Smaragd in der Plattenmitte bezogen wurden. Dieser bildet das Zentrum eines Diagonalkreuzes aus tropfenförmigen Rubinen mit nach außen weisenden Spitzen und eines griechischen Kreuzes aus Perlen. Dessen Stamm bilden je drei aufgestiftete Perlen mit einer goldenen Kugelpyramide.
Die Fassungen der Perlen und Edelsteine entsprechen denen der Stirn- und Nackenplatte. Allerdings fehlen Fassungen mit perldrahtberingten freitragenden Goldkugeln. Im Formenschatz des goldenen Zierats zeigen sich Unterschiede zu der Stirn- und Nackenplatte. Er besteht lediglich aus Goldröhrchen mit Kugelpyramide, Perldrahtranken sowie kleinen Goldkügelchen mit Perldrahtring, die auf den Boden der Platte gelötet sind. Am unteren Rand der Schläfenplatten sitzen je drei gerippte Goldblechscharniere, an denen einst bandförmige Pendilien hingen.
Die Rückseiten weisen unterhalb der Edelsteine perldrahtumrandete Löcher auf. Hinter dem obersten Edelstein sitzen je drei gleich dünne Goldblechhülsen von 2,8 cm Länge mit Perldrahtumrandung, in die ursprünglich »Lilien« aus Edelsteinen und Perlen gesteckt worden sind. Im Zentrum des oberen Bogenfeldes befindet sich ein Herzornament aus Perldraht mit einer geklammerten Stengelblüte. Den Außenrand der linken Schläfenplatte, die gebrochen und repariert worden ist, zieren einzelne geklammerte Stengelblüten. Diese sind bei der stark abgeriebenen rechten Schläfenplatte nicht vorhanden.

d) Bildplatten (Abb. 74, Taf. 7–10)

Die vier Bildplatten sind 11,8 cm bis 11,9 cm hoch und zwischen 8,2 und 8,4 cm breit. Ihr ausgeschnittenes Mittelfeld enthält eine eingesetzte bogenförmige Senkschmelzplatte mit aufgewölbter Oberfläche, die von dem aufgebogenen und umgebördelten Goldblech der Bodenplatte gehalten wird. Die Senkschmelzplatte umrahmen jeweils 10 Saphire und 14 Perlen sowie kleine Goldblechröhrchen mit einer Kugelpyramide. Den Plattenbogen bedecken kleine Ranken aus Perldraht. Während die Saphire in

Fassungen aus doppelten Perldrähten mit freitragenden Goldkugeln und aus dreifingrigen Krallen sitzen, »schweben« die Perlen mit Hilfe eines durchgesteckten Golddrahts in offenen Perldrahtringen. Unter den Edelsteinen am Rand weisen die Bildplatten perldrahtumrandete Löcher auf. Das obere Bogenfeld ist bei drei Bildplatten in gleicher Weise verziert. Ein bogenförmiger Perldraht teilt es in zwei Zonen. Zu beiden Seiten dieses Perldrahtes sind Dreiecke aus Perldrahtringen aufgereiht. Den Außenrand der Platte zieren einzelne geklammerte Stengelblüten, das Zentrum jedoch ein Herzornament mit einer geklammerten Stengelblüte.

Die Salomon-Platte trägt auf ihrer Rückseite ein ganz anderes Ornament aus stark abgeriebenem Perldraht (Abb. 74). Ihr Bogenfeld ist nicht unterteilt und auch nicht mit Dreiecken aus Perldrahtringen verziert. Es wurde vielmehr mit einem Herzornament geschmückt, das eine geklammerte Kolbenblüte mit seitlichen »Staubgefäßen« enthält.

Salomon-Platte (Taf. 7)

Diese im rechten Vorderteil des Kronreifs befindliche Bildplatte mit der rot emaillierten Überschrift REX SALOMON zeigt den stehenden König Salomon mit helmartiger Krone, kurzer blauer Tunika, wehender grüner Chlamys und einem blauen Band in den Händen, das folgende Inschrift aus Goldbuchstaben enthält: TIME DOMINVM ET RECEDE A MALO (Fürchte Gott und meide das Unrecht).

David-Platte (Taf. 8)

Auf der hinten rechts befindlichen Platte mit der Überschrift REX DAVID ist ein stehender König mit helmartiger Krone, kurzer blauer Tunika und einer gefibelten blauen Chlamys zu sehen. Er trägt ein blaues Band mit folgender Inschrift aus Goldbuchstaben in Händen: HONOR REGIS IVDICIVM DILIGIT (Der ehrenhafte König liebt den Rechtsspruch).

Jesajas-Ezechias-Platte (Taf. 9)

Die Platte hinten links trägt die Überschrift ISAIAS PROPHETA und EZECHIAS REX. Sie zeigt den auf einem Thron sitzenden König Hiskia, der seinen Kopf auf die rechte Hand stützt und den vor ihm stehenden Propheten Jesajas mit dem Spruchband: ECCE ADICIAM SVPER DIES TVOS XV ANNOS (Wohlan, ich will zu deinen Lebenstagen noch 15 Jahre hinzufügen).

Pantokrator-Platte (Taf. 10)

Die vierte Platte (vorn links) mit dem Bild Christi als Weltenherrscher und zweier Seraphime trägt lediglich die rot emaillierte Überschrift: PER ME REGES REGNANT (Durch mich regieren die Könige).

e) Kronenkreuz (Abb. 75, Taf. 11)

Das Kreuz auf der Stirnplatte des Kronreifs besteht aus 21karätigem Gold, ist 9,9 cm hoch, 8,25 cm breit und hat einen lamellenartigen Schaft aus Goldblech von 3,75 cm Länge. Auf der Vorderseite trägt es vier große polierte ovale Edelsteine (Saphire, Amethyste, Smaragde), 20 Perlen sowie 20 kleine runde mugelige Edelsteine (Smaragde, Saphire, Rubine). Am Rand des Kreuzes sind niedrige Kegel aus glattem Golddraht und kleine Goldkugeln im Perldrahtring aufgereiht. Filigrandrahtranken mit Kolbenblüten bedecken den Goldgrund.

Alle fünf großen Edelsteine ruhen auf Filigrandrahtarkaden und werden von dreifingrigen Goldkrallen gehalten. Nur den durchbohrten Saphir in der Kreuzmitte umgibt ein doppelter Ring aus Perldrähten, welche durch freitragende Goldkugeln miteinander verbunden sind. Die kleinen Edelsteine und Perlen sitzen dagegen in Goldblechtrommeln mit durchlochter Wandung mit aufgelöteten Perldrahtringen. Während die Perlen auf einen Golddraht gesteckt sind, werden die Edelsteine von einer glatten Goldblechzarge gehalten.

Auf der Rückseite trägt das Kreuz ein graviertes und nielliertes Bild Christi am Kreuze und die Inschrift IHC NAZARENVS REX IVDEORVM. Den am Rande erkennbaren Beschädigungen zufolge ist die Rückseite wahrscheinlich geöffnet worden. Allerdings kann die Rückseite wegen des Niets am unteren Ende des Kreuzstamms nie ganz abgenommen worden sein. Abdrücke deuten darauf hin, daß die Kreuzmitte innen durch ein Blech(?) verstärkt wurde.

Das Stirnkreuz besitzt keine eigene Scheide, sondern wird hinter den obersten Edelstein der Stirnplatte und vor die Goldblechhülse des Kronenbügels gesteckt. Der lamellenförmige Schaft trägt heute eine (wohl nachträglich angebrachte) Umwicklung aus Goldblech, auf die eine abgesägte Kralle der obersten Edelsteinfassung aufgelötet worden ist. Diese greift nun in das Bohrloch des herzförmigen Saphirs und gibt dadurch dem Kronenkreuz sicheren Halt.

f) Kronenbügel (Taf. 12–13)

Der kammartige Kronenbügel ist 23 cm lang, maximal 4,2 cm hoch und besteht aus zwei von Perldraht umrandeten Goldplatten von 19 Karat, die ursprünglich an den Enden miteinander verlötet waren (freundlicher Hinweis von M. Fecht, Mainz). Unten weist der Bügel einen schmalen Zierstreifen auf, der abwechselnd mit Perlen, ovalen geschliffenen Rubinen und rechteckigen Smaragden in glatten, perldrahtverzierten Zargen sowie mit bogenförmigen Perldrähten geschmückt ist. Darüber erheben sich acht bogenförmige Lappen aus durchbrochenem Goldblech. Sie tragen die Inschrift CHVONRADVS DEI GRATIA ROMANORV(M) IMPERATOR AVG(VSTVS). Diese besteht aus aufgefädelten Perlen, welche von kleinen Goldblechösen gehalten werden. Das oberste Bogenfeld füllt jeweils eine Lilie aus Perldraht.

Ursprünglich liefen die Bügelplatten in Spitzen aus, welche in die Hülsen der Stirn- und Nackenplatte gesteckt wurden. Infolge einer schweren Beschädigung, bei der diese Zapfen abbrachen und der Bügel in der Mitte zerbrach, mußten die beiden Bügelplatten unten auseinandergebogen und durch einen dicken, mit gerippten Goldhülsen verzierten, eingezogenen Golddraht verstärkt werden. Der vordere der zwei Bügelzapfen von 3,7 cm Länge hat ein Scharnier und ist beweglich.

Die Perldrähte besitzen eine deutlich geringere Stärke als die der Kronenplatten und sind an der Vorder- und Hinterkante des Bügels stark abgewetzt.

Tabelle 1

Die Literaturnachweise zu Tabelle 1 befinden sich in den Anmerkungen des Kapitels II.

Tabelle 2

1 Volvinus-Altar in Mailand: H. Kohlhausen, Europäisches Kunsthandwerk (1969) Abb. 16/17. – 2 Codex Aureus von St. Emmeram: F. Steenbock, Der kirchliche Prachteinband im frühen Mittelalter (1965) Nr. 20 Abb. 32. – 3 Kelch und Patene des hl. Gauzelin: H. Swarzenski, Monuments of Romanesque Art (1953) Taf. 24, 53–54. – 4 Byzantinische Ohrringe aus der Zeit des Johannes Tzimisces: H. Schlunk, Eine Gruppe datierbarer byzantinischer Ohrringe. Ber. Berliner Museen 61, 1940, 42 ff. – 5 Byzantinische Ohrringe aus dem Schatz von Preslav: T. Totev, Preslavskogo Skrobišče. Izvestija Narodn. Mus. Varna 22, 1986, 81 ff. Taf. 15,2–4. – 6 Älteres Mathildenkreuz: L. Küppers u. P. Mikat, Der Essener Münsterschatz (1966) Taf. 5–6. – 7 Lothar-Kreuz in Aachen: T. Jülich, Aachener Kunstbl. 54/55, 1986/87, 159 ff. Abb. 14. – 8 Fibelfragment aus dem Schatz von Vaalse: Annaler f. Nord. Oldekyniged 1842–43, 22 ff.; R. Skovmand, Aarbøger 1942, 95 ff. – 9 Evangeliar Ottos III. Clm. 4453: Steenbock, ebd. Nr. 43 Abb. 61. – 10 Cod. Lat. Clm 4454: Steenbock, ebd. Nr. 47 Abb. 65; H. Kohlhausen, Europäisches Kunsthandwerk (1969) Abb. 23. – 11 Heinrichsportatile: H. Fillitz, Münchner Jahrb. Bildende Kunst 9–10, 1958–59, 15 ff. Abb. 3; Ders., Jahrb. Kunsthist. Samml. Wien 50, 1953, 33 Abb. 19. – 12 Sternfibelpaar aus Mainz: F. Schneider, Jahrb. Preuß. Kunstsamml. 18, 1897, 170 ff.; M. Schulze-Dörrlamm, Der Mainzer Schatz der Kaiserin Agnes (1990) Taf. 5. – 13 Platten der Reichskrone: G. J. Kugler, Die Reichskrone (2. Aufl. 1986) Taf. I–VIII. – 14 Buckelfibel mit Trommelkranz aus Schleswig: Schleswig-Holstein in 150 archäologischen Funden. Kat. Schleswig (1986) Nr. 134; Schulze-Dörrlamm, ebd. Abb. 26. – 15 Kegelfibel aus Minden: H. Westermann-Angerhausen, Westfalen 61, 1983, 100 ff. Abb. 85–87; Schulze-Dörrlamm, ebd. Abb. 18. – 16 Reichskreuz Konrads II.: H. Fillitz, Die Schatzkammer in Wien (1986) Taf. 5–6; Ders., Jahrb. Kunsthist. Samml. Wien 50, 1953, Abb. 27. – 17 Dreitrommelohrring aus dem Schatz von Mahnau: H. Seger, Altschlesien 3, 1930, 67 ff. Abb. 34. – 18 Kreuz der Äbtissin Theophanu: Küppers u. Mikat, ebd. Abb. 21–22. – 19 Tragaltar der Gräfin Gertrud, um 1045: P. M. de Winter, Der Welfenschatz (1986) 33 ff. – 20 Brustbehang (Loros) aus Mainz: O. von Falke, Der Mainzer Goldschmuck der Kaiserin Gisela (1913) Abb. 9 Taf. 3; Schulze-Dörrlamm, ebd. Abb. 83–84. – 21 Kleine Kegelfibel aus Mainz: von Falke, ebd. Taf. 7, 19; Schulze-Dörrlamm, ebd. Abb. 10,4. – 22 Halbmondohrring von Kremon: Katalog der Ausstellung vom X. Archäologischen Kongress in Riga (1896) 74 Nr. 538 Taf. 17,16. – 23 Evangeliar des Aribert da Intimiano, vor 1045: Steenbock, ebd. Nr. 57 Abb. 80. – 24 Buckelfibel mit Trommelkranz aus Mainz: von Falke, ebd. Abb. 18 Taf. 6,15; Schulze-Dörrlamm, ebd. Abb. 20. – 25. Reliquiar mit der Krone in Stockholm: A. Weixlgärtner, Kungl. Vitterhets Hist. och Antikv. Akad. Handlingar, Antikv. Ser. 1 (1954) Abb. 35–40. – 26 Halskragen der Hildesheimer Madonna: M. Brandt (Hg.), Kirchenkunst des Mittelalters. Kat. Hildesheim (1989) 79 Abb. 57. – 27 Heinrichskreuz in Fritzlar: Ornamenta Ecclesiae. Kat. Köln 3 (1985) 112 H. 29. – 28 Kapitelkreuz in Osnabrück: H. Westermann-Angerhausen, in: Rhein und Maas, Kat. Köln (1972) 187 Abb. 12–15. – 29 Evangeliar der Judith von Flandern: Steenbock, ebd. Nr. 76 Abb. 104. – 30 Kreuz von Gandersheim: H. Appuhn, Aachener Kunstbl. 54–55, 1986–87, Abb. 15–16. – 31 Armreliquiar des hl. Sigismund: W. Arenhövel, Der Hezilo-Radleuchter im Dom zu Hildesheim (1975) Abb. 360–361. – 32 Evangeliar von Helmarshausen: Steenbock, ebd. 79 Abb. 107. – 33 Dionysius-Kreuz von Enger: E. Brepohl, Theophilus Presbyter und die mittelalterliche Goldschmiedekunst (1987) Abb. 32,2 und 56,2. – 34 Kelch der Doña Urraca: H. Kohlhausen, Europäisches Kunsthandwerk (1969) Abb. 27. – 35 Kreuz der Adelheid von Ungarn: H. Fillitz u. M. Pippal, Schatzkunst (1987) Nr. 112 Abb. 112,3.

Tabelle 3

1 Volvinus-Altar in Mailand: Storia di Milano 2 (1954) 714. –
2 Codex Aureus von Lindau: F. Steenbock, Der kirchliche
Prachteinband im frühen Mittelalter (1965) Nr. 21 Abb. 33;
H. Swarzenski, Monuments of Romanesque Art (1953)
Abb. 22–23. – 3 Codex Aureus von St. Emmeram: Steenbock, ebd. Nr. 20 Abb. 32; RDK 2 (1948) 1375. – 4 Kreuz des
Berengar in Monza: T. Jülich, Aachener Kunstbl. 54–55,
1986–87, 148 ff.; M. Rosenberg, Geschichte der Goldschmiedekunst auf technischer Grundlage. Niello (1924) Abb. 93. –
5 Fibel aus dem Schatz von Terslev: A. Weixlgärtner, Das
Reliquiar mit der Krone im Staatlichen Historischen Museum
zu Stockholm. Kungl. Vitterhets Hist. och Antikvitets Akad.
Handlingar. Antikv. Ser. 1 (1954) 20 Abb. 1. – 6 Evangeliar
des hl. Gauzelin: Steenbock, ebd. Nr. 29 Abb. 45. – 7 Byzantinische Ohrringe aus dem Schatz von Preslav: T. Totev,
Preslavskogo Skrobišče. Izvestija Narodn. Mus. Varna 22,
1986, 83 ff. Taf. 13,1–2. – 8 Krone Kaiser Ottos II. in Halle:
P. E. Schramm u. F. Mütherich, Denkmale der deutschen
Könige und Kaiser (1962) Nr. 71 Taf. 285. – 9 Älteres Mat-
hildenkreuz in Essen: L. Küppers u. P. Mikat, Der Esse-
ner Münsterschatz (1966) Taf. 5–6. – 10 Andreas-Tragaltar:
H. Westermann-Angerhausen, Die Goldschmiedearbeiten
der Trierer Egbertwerkstatt. Beih. Trierer Zeitschr. 36, 1973
Abb. 27. – 11 Petrus-Stab: Westermann-Angerhausen, ebd.
Abb. 14 und 17. – 12 Lothar-Kreuz in Aachen: T. Jülich,
Aachener Kunstbl. 54–55, 1986–87, 159 ff. Abb. 14 Taf. IV. –
13 Evangeliar Cod. Lat. Clm 4451: Steenbock, ebd. Nr. 32
Abb. 48. – 14 Reliquienkreuz von Ste. Croix in Lüttich:
H. Westermann-Angerhausen, Wallraf-Richartz-Jahrb. 36,
1974, 7 ff. Abb. 2–4. – 15 Evangeliar Ottos III., Clm 4453:
Steenbock, ebd. Nr. 43 Abb. 61. – 16 Evangeliar MS
lat. 9388, Paris: Steenbock, ebd. Nr. 46 Abb. 64. – 17 Cod.
Lat. Clm 4454: Steenbock, ebd. Nr. 47 Abb. 65. – 18 Hein-
richskreuz in Basel: H. Reinhardt, Jahrb. Hist. Mus. Basel
1972 (1976) 35 ff. – 19 Byzantinische Kegelfibel in Hamburg:
J. Wolters, Die Granulation. Geschichte und Technik einer
alten Goldschmiedekunst (1983) Abb. 244; M. Schulze-
Dörrlamm, Der Mainzer Schatz der Kaiserin Agnes (1990)
Abb. 14. – 20 Buchkasten des Uta-Codex, Clm 13601: Steen-
bock, ebd. Nr. 59 Abb. 79; Regensburger Buchmalerei. Kat.
München (1987) Taf. 9. – 21 Heinrichsportatile: H. Fillitz,
Münchner Jahrb. Bild. Kunst 9–10, 1958–59, 15 ff.; Ders.,
Jahrb. Kunsthist. Samml. Wien 50, 1953, 33 Abb. 19. –
22 Sternfibelpaar aus Mainz: J. Schneider, Jahrb. Preuß.
Kunstsamml. 18, 1897, 170 ff.; Schulze-Dörrlamm, ebd.
Taf. 5. – 23 Sternfibel in New York: H. Westermann-Anger-
hausen, Mainzer Zeitschr. 70, 1975, 67 ff. Taf. 20; The Metro-
politan Museum of Art. Recent Acquisitions 1987–88, 14. –
24 Kreuz der Reichskrone: H. Fillitz, Jahrb. Kunshist.
Samml. Wien, 50, 1953, Abb. 15–16. – 25 Buckelfibel mit
Trommelkranz aus Schleswig: Schleswig-Holstein in 150 archäologischen Funden. Kat. Schleswig (1986) Nr. 134; Schulze-Dörrlamm, ebd. Abb. 26. – 26 Kegelfibel aus Minden:
H. Westermann-Angerhausen, Westfalen 61, 1983, 100 ff.

Abb. 85–87; Schulze-Dörrlamm, ebd. Abb. 18. – 27 Löwen-
ring aus Mainz: O. von Falke, Der Mainzer Goldschmuck der
Kaiserin Gisela (1913) Taf. 5,8; Schulze-Dörrlamm, ebd.
Abb. 54. – 28 Dreitrommelohrring aus dem Schatz von
Mahnau: H. Seger, Altschlesien 3, 1930, 67 ff. Abb. 31. –
29 Fingerring des Erzbischofs Aribo von Mainz, gest. 1031:
W. Jung (Hg.), 1000 Jahre Mainzer Dom. Kat. Mainz (1975)
Nr. 30 Abb. 32. – 30 Kreuz der Äbtissin Theophanu: Küp-
pers u. Mikat, ebd. Abb. 21–22. – 31 Buchdeckel der Äbtissin
Theophanu: Küppers u. Mikat, ebd. Abb. 28–29. – 32 Brust-
behang (Loros) aus Mainz: von Falke, ebd. Abb. 9 Taf. 3;
Schulze-Dörrlamm, ebd. Abb. 83–84. – 33 Adler-Pfauenfibel aus Mainz: von Falke, ebd. Abb. 14; Schulze-Dörrlamm,
ebd. Abb. 32. – 34 Tragaltar der Gräfin Gertrud: P. M. de
Winter, Der Welfenschatz (1986) 33 ff. – 35 Halbmondohrringe aus Mainz: von Falke, ebd. Abb. 22 Taf. 4, 5 u. 8, 22;
Schulze-Dörrlamm, ebd. Abb. 2 und 4. – 36 Halbmondohrring aus Kremon: Katalog der Ausstellung zum X. Archäologischen Kongress in Riga (1896) 74 Nr. 538 Taf. 17,16.
– 37 Buckelfibel mit Trommelkranz aus Mainz: von Falke,
ebd. Abb. 18 Taf. 6,15; Schulze-Dörrlamm, ebd. Abb. 20. –
38 Die Towneley Brooch: H. Tait, Jewellery through
7000 years (1978) Nr. 259 Taf. 23. – 39 Buckelfibel mit
Trommelkranz aus Hasselt: Baron de Loë, Belgique ancienne
4 (1939) 55 Abb. 34; Schulze-Dörrlamm, ebd. Abb. 23. –
40 Buckelfibel mit Perlrand aus Mainz: von Falke, ebd.
Taf. 6, 16; Schulze-Dörrlamm, ebd. Abb. 27. – 41 Fingerring
aus dem Schatz von Dinogetia: G. Stefan, I. Barnea, M. Comsa u. E. Comsa, Dinogetia (1967) 277 Abb. 167,4. – 42 Vorderseite der Essener Pax-Tafel: Küppers u. Mikat, ebd.
Abb. 31. – 43 Reliquiar mit der Krone in Stockholm: Weixlgärtner, ebd. Abb. 35–40. – 44 Krone des Kunigundenreliquiars: R. Baumgärtel-Fleischmann, Die sogenannte Kunigundenkrone. Münchner Jahrb. Bild. Kunst 32, 1981, 25 ff.
Abb. 5–12. – 45 Fingerring des Adalbero von Metz aus dem
Sarkophag Kaiser Heinrichs IV.: H. E. Kubach u. W. Haas,
Der Dom zu Speyer (1972) 950 Abb. 1477–1480; P. E.
Schramm u. F. Mütherich, Denkmale der deutschen Könige
und Kaiser (1962) Nr. 166 Taf. 402. – 46 Osnabrücker Kapitelkreuz: H. Westermann-Angerhausen, in: Rhein und Maas.
Kat. Köln (1972) 187 Abb. 12–15. – 47 Heinrichskreuz in
Fritzlar: Ornamenta Ecclesiae. Kat. Köln 3 (1985) 112 H.
29. – 48 Hezilokreuz: W. Arenhövel, Der Hezilo-Radleuchter im Dom zu Hildesheim (1975) Abb. 272–301. – 49 Armreliquiar des hl. Sigismund: Arenhövel, ebd. Abb. 360–361. –
50 Kreuz von Gandersheim: H. Appuhn, Aachener
Kunstbl. 54–55, 1986–87, Abb. 15–16. – 51 Dionysius-Kreuz
von Enger: E. Brepohl, Theophilus Presbyter und die mittelalterliche Goldschmiedekunst (1987) Abb. 32,2 und 56,2. –
52 Evangeliar des hl. Lebuinus: Steenbock, ebd. Nr. 86
Abb. 118. – 53 Evangeliar von Helmarshausen: Steenbock,
ebd. Nr. 79 Abb. 107. – 54 Kelch der Doña Urraca: H. Kohlhausen, Europäisches Kunsthandwerk (1969) Abb. 27.

BILDNACHWEIS

Athen, Nationalmuseum Abb. 16
Berlin-Köpenick, Kunstgewerbemuseum Abb. 19; 24
Berlin (West), Kunstgewerbemuseum, Staatl. Museen Preuß. Kulturbesitz Abb. 40; 73
Budapest, Ungarisches Nationalmuseum Abb. 13; 29
Darmstadt, Hessisches Landesmuseum Abb. 18
Essen, Münsterschatz Taf. A; C; H; K
Hamburg, Museum für Kunst und Gewerbe Abb. 84
Hildesheim, Diözesanmuseum Abb. 20; 32
Kassel, G. Fittschen Abb. 28
Köln, Rheinisches Bildarchiv Abb. 34; 46; 49; 54; 57–58; 66
Kopenhagen, Nationalmuseum Abb. 80
London, Courtesy of the Trustees of the British Museum Abb. 85
Lübeck, Museum für Vor- und Frühgeschichte Abb. 33
Mainz, Römisch-Germanisches Zentralmuseum Abb. 21–22; 26–27; 31; 51; 56; 65
Monza, Faina Abb. 14
München, Bayerisches Nationalmuseum Abb. 4

München, Bayerische Staatsbibliothek Abb. 6; 17; 37; 52; 60; Taf. J
München, Verwaltung der Staatl. Schlösser, Gärten und Seen Abb. 23; 38; Taf. D
Münster, Westfälisches Landesmuseum für Kunst und Kulturgeschichte Abb. 50
New York, The Metropolitan Museum of Art Abb. 2; 64
New York, The Pierpont Morgan Library Abb. 36; 67
Nürnberg, Germanisches Nationalmuseum Abb. 10
Nürnberg, Staatsarchiv Abb. 11
Osnabrück, Photo Strenger Abb. 25; Taf. L
Preslav, Arch. Museum Abb. 12
Speyer, Historisches Museum der Pfalz Abb. 86
Stockholm, Statens Historiska Museer Abb. 68
Uppsala, Universitätsbibliothek Taf. B
Wien, Kunsthistorisches Museum Abb. 1; 30; 39; 61–62; 74–75; 81; Taf. 1–13
Wien, Österreichische Nationalbibliothek Abb. 9